「一緒に働きたい」と思われる

心くばりの魔法

The magic of thoughtfulness

ディズニーの元人材トレーナー50の教え

櫻井恵里子

Eriko Sakurai

sanctuary books

仕事にも、人生にも、
ハピネスを呼び込もう

ディズニーと聞いて、
あなたはなにを思い浮かべますか。

「夢の国」
「きらめくパレード」
「かわいらしいキャラクター」
「スリリングなアトラクション」

きっといくつもの楽しい
イメージが浮かんでくるでしょう。

そんな魅力あふれるディズニーの
パークを支えている、
ある「魔法」を知っていますか。

その魔法とは……
「心くばり」です。

キャストたちの心くばりがあって初めて、
ディズニーのパークは
「夢の国」として存在しているのです。

ここで少しだけ、魔法の正体を明かします。
心くばりとは、誰かを大切に思う気持ちの表れ。
胸の奥が、じんわりと
あたたかくなるようなやさしさ。
ディズニーはその魔法で、ゲストの、
そしてキャスト同士のハピネスの
輪をつくり出しているのです。

実は、私たちが住む現実の世界でも、
心くばりの魔法は使えます。
そして、その魔法を使えたなら、
誰からも愛される人に変身できます。

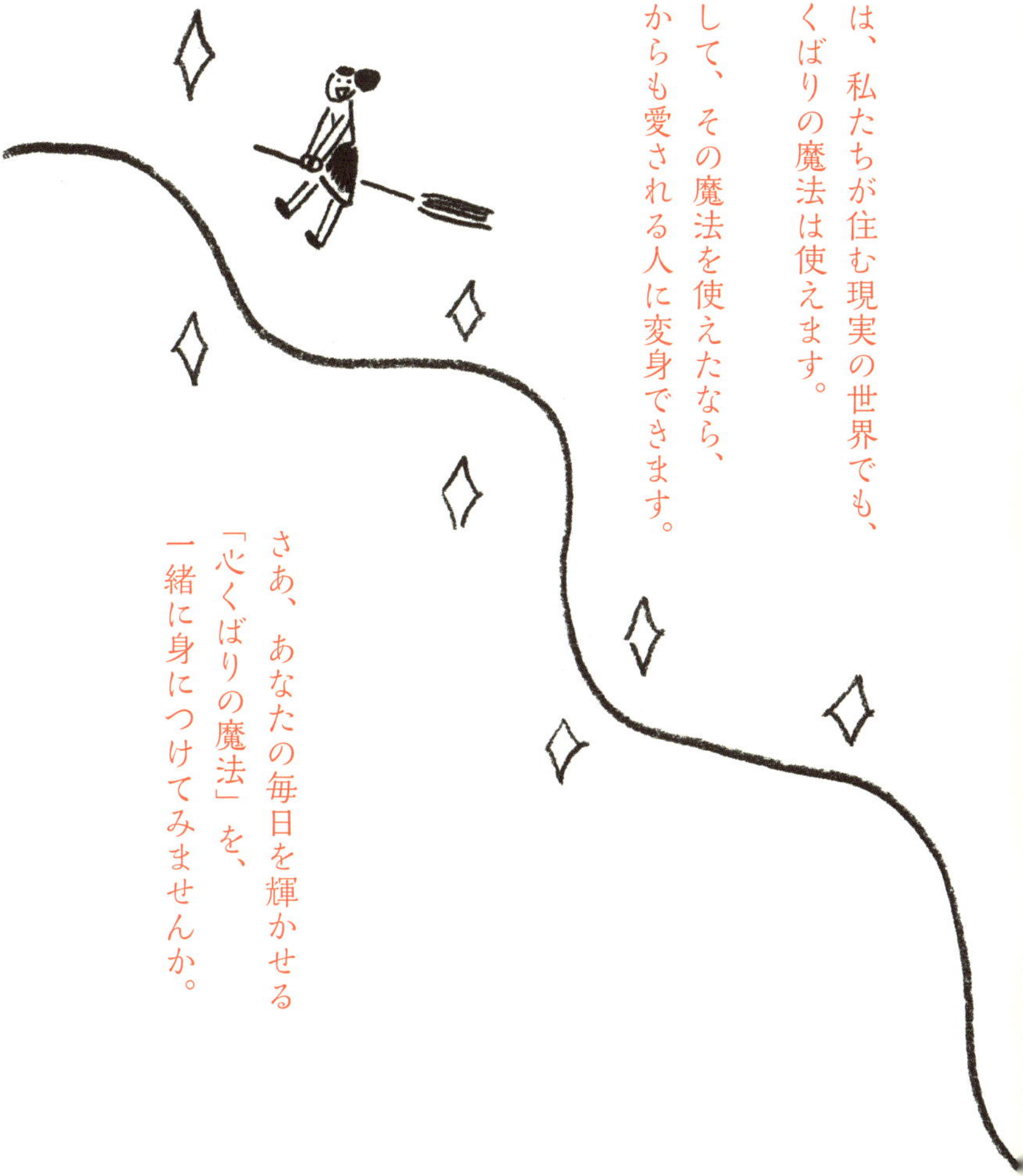

さあ、あなたの毎日を輝かせる
「心くばりの魔法」を、
一緒に身につけてみませんか。

はじめに

世の中には、「なぜかみんなに好かれ、仕事がうまくいく人」がいます。

そんな人たちが決まって得意なのは、「心くばりの魔法」。

その魔法を周囲と、自分にかけることによって、人の気持ちを癒やし、つかんでいるのです。

誰からも好感を持たれれば、あらゆる人間関係が円滑になり、ストレスが減ります。

たくさんの人が味方になってくれて、ピンチも乗り切ることができます。

そうすれば、今よりもきっと、人生が楽しくなります。

私は、東京ディズニーリゾートの運営を手がけるオリエンタルランドに17年間勤め、人材トレーナーとして、10万人以上のキャストを「魔法使い」に育てました。

また、外部法人に「ディズニーのおもてなしの考え方」を伝えるセミナーにも携わり、事業戦略やプログラム開発、講師も担当してきました。

そんなディズニーで培った人事での経験を生かし、現在はサービス経営やホスピタリティに特化した研究のパイオニアとして知られる西武文理大学で、講師を務めています。

本書では、私がこれまでの経験や研究で培ってきた「誰からも好感を持たれて、仕事がスムーズに進む」50のヒントをまとめてあります。

そのノウハウをできるだけ身近に感じてもらえるように、ディズニーならではの事例や裏話もたくさん紹介しています。

コミュニケーションとは、ちょっとしたコツを知るだけでみるみる上達します。

コミュニケーション上手になると、人との会話が楽しくなり、仕事がずっとおもしろくなります。

そのコミュニケーションの礎となるものが、「心くばり」なのです。

ほんの少し心くばりをするだけで、あなたの周囲には「一緒に働きたい」という人たちが集まり、仕事がはかどり、評価が高まります。

1日の多くを費やす「仕事の時間」が楽しくなれば、それはすなわち、人生が楽しくなることに他なりません。

どうでしょう。心くばりは、まさに人生を変える力を持った、魔法だと思いませんか。

職場の人間関係や、仕事をもっとよくしようと日々奮闘しているすべての人に、本書を捧げます。

あなたの未来が少しでも明るくなったとしたら、著者としてそれ以上の喜びはありません。

Contents

「一緒に働きたい」
と思われる

心くばりの魔法

《目次》

CHAPTER 1
誰からも好かれて仕事がうまくいく心の持ち方《マインド編》

CHAPTER 2

まわりを自然と笑顔に変える魔法の言葉

《コミュニケーション編》

CHAPTER 3

「いてくれて、よかった」と喜ばれる立ち振る舞い《行動編》

この本に出てくる、主なディズニー用語

パーク
東京ディズニーランド、東京ディズニーシーのこと。

ゲスト
パークを訪れるお客さまのこと。

キャスト
パークで働く人のこと。

ショー
施設やキャストなど、パーク内のすべて。

オンステージ
ステージの上だけではなく、ゲストから見えるすべての場所。

バックステージ
キャストしか見ることのできないバックヤードのこと。

アトラクション
パーク内の乗り物や劇場のこと。

ファストパス
特定のアトラクションにおいて入場時間を予約できるパスのこと。

カストーディアル
清掃業務を担当するキャストのこと。道案内や写真撮影も行う。

※本書でご紹介する情報は書籍刊行時点でのものであり、
変更する場合があります。

CHAPTER 1

誰からも好かれて
仕事がうまくいく
心の持ち方

《マインド編》

The Mind

Magic 01

身近なあの人を「ＶＩＰ」とイメージする

心の壁をなくせば人間関係はうまくいく

ディズニーのパークには、さまざまなゲストが来場します。家族三世代で楽しむ方、外国の方、車イスの方など、ゲストの層はどんどん広がっています。

そのような状況で改めて思い浮かべるのは、ディズニーの創設者であるウォルト・ディズニーの次の教えです。

〝私たちは王様や女王様をもてなすことが好きだ。しかしここではすべての人がVIPなんだ〟

パーク内では、年齢も国籍も社会的立場も関係ありません。障がいがあるかどうかも当然、関係ありません。**すべてのゲストをVIPとしておもてなしする**というのが、ディズニーのブランドとしての考え方です。

そうしたポリシーに基づき、実はディズニーでは障がい者割引を行っていません。障がいをお持ちでも他のゲストと同じように楽しんでいただけるよう、国の基準よりもはるかに高い「ディズニー基準」を設けてバリアフリー化を行っているからです。

身体機能が低下している方や視覚、聴覚に障がいをお持ちの方へのサポート、食事制限がある方への細かなメニュー対応など、すべてのゲストが安心してパークで過ごせるように全力を尽くしています。

そして、ハード面での工夫に加えて、**バリアフリーを完成させているのは、人**、つまりはキャストの力です。

キャストたちは、実際に車イスに乗ったり目隠しをしたりしながら研修を行っています。障がいをお持ちの方の気持ちに寄り添い、「心のバリア」も外したお手伝いができるよう、日々訓練しているのです。

「心のバリアフリー化」は、あらゆる対人関係においても大切であると私は考えています。

人間関係に悩む人は多いと思いますが、差別や人間関係の悩みというのは、環境により生まれるものではなく、結局のところ人の心がつくり出すものです。

つまり職場で対人関係がうまくいかなくなる原因のほとんどは、役職や仕事の内容により生まれるのではなく、人が心にバリアを張ることにより生まれるのです。

多様性の時代にあって、自分と異なる価値観や体験の持ち主に対して、常に心のバリアを張り続けていては、協働することが難しくなります。

だから人間関係に行き詰まったら、ディズニー流に**「かかわるすべての人がVIP」**だと考えてみてください。そして「自分と違う相手を理解したい」と願うことで、あなたの心が変わり、誰とでも分け隔てなく接することができるようになるでしょう。

「心のバリアフリー化」が実現できれば、人間関係で悩むことがなくなります。

そのファーストステップとして、誰にでも自らあいさつをしてみてはいかがでしょうか。

「おはようございます」「おつかれさまです」

相手の目を見て声をかけてみると、必ずその人の反応が変わっていきます。そうなれば、今よりもっと毎日を気分よく、前向きに過ごすことができるかもしれません。

Magic Lesson

誰に対しても、自分からあいさつをしよう。

Magic 02

苦しい時は、ディズニープリンセスになりきってみる

できることを増やせば、自由になれる

「白馬の王子さまがいつか目の前に現れて、人生を変えてくれるのでは……」

ディズニープリンセスの世界に、女性なら誰もが一度は憧れたことがあるでしょう。

私は現在、大学で講師をしていますが、特にキャリアに関する講義の中で、女子学生がよく口にするのは「仕事もしたいけれど、早くいい人と結婚したい」「玉の輿に乗りたい」というような言葉です。

「夢見る少女」という言葉通り、非現実的なお姫様願望は少女時代の特権ですから、学生であればまだ問題はありません。

ところが最近は、大人になっても夢を見続ける女性が増えているようです。現実的とはいえない家庭像を追い続け、自分が常に守られ、安らげる場所を求める……このような依存的願望の強い人は、心理学の世界では「シンデレラ症候群」と呼ばれます。

しかし、原作をご存じの方ならお気づきだと思いますが、シンデレラは、決して依存的な女性ではありません。

ウォルト・ディズニーが描いたシンデレラは、愛する父を亡くし、義母にいじめられながらも希望を持ち続けます。召使いにされても、逃げることなく日々の雑用を一生懸命やり、舞踏会の前には捨てられた端切れから素敵なドレスをつくります。

シンデレラで描かれているのは、**運命と向き合い、しなやかに生きる強い女性の姿**です。そして、そのような魅力的な人間であったからこそ、王子さまの寵愛を受けられたのではないでしょうか。

ディズニーの物語には何人ものプリンセスがいますが、その中に他力本願な女性はひとりもいません。毒リンゴを食べさせられる『白雪姫』はさまざまな逆境の中でも、それを乗り越えようと努力します。『リトル・マーメイド』のアリエルは自ら恋を成就させようと挑み、『美女と野獣』のベルは向上心が強く、本を読み知識を得ようと自分を磨き続けています。ディズニーのプリンセスたちは、いずれも**自立した女性**なのです。

実社会でも、あらゆる場で人に愛されるのは、自ら運命をつくろうとする自立型の人です。社会に出たら、現実としっかり向き合ったうえで、自分から人生の幸せややりがいを見つけにいかなければ、仕事もプライベートもうまくいきません。

人生では、時には壁に当たることもあります。仕事でミスをしたり、恋愛で傷ついたりするのは、誰もが経験することです。

つらいことがあった時には、プリンセスたちのしなやかさ、気高さ、強さを思い出してほしいと思います。そして、他人や環境のせいにするのではなく、**「自分の人生は自分で切りひらく」**と考え、その時々でできることを精一杯やってみてください。

苦手な仕事こそ、ただこなすのではなく、自分なりに工夫をしてみませんか。たとえば、コピー取りのような単調な仕事だったとしても、ただ言われた通りに取るのと、「どうしたら次に使う人が見やすいか」「どうしたら早く正確にできるか」と工夫してみるのとでは、あなたの印象が変わってくるはずです。

目の前の仕事に真摯に向き合う。その繰り返しが、必ずあなたをプリンセスのような魅力的な人へと成長させてくれるはずです。

Magic Lesson

どんな仕事にもちゃんと向き合い人任せにしない。

Magic 03

目に触れるものは「すべてがショー」と考える

身だしなみを変えると、気持ちが引き締まる

仕事をする際の身だしなみについて、意識したことはあるでしょうか。

おしゃれというのは、ひとつの自己表現であり、自分が好きなブランドやカラーを身につけることで、こうありたいという自分を演出しています。プライベートであれば、どのような格好をしても問題ありませんし、ヘアメイクが派手でもかまいません。自分が気分よく過ごせるおしゃれをすればいいでしょう。

しかし仕事となると、話は別です。

なぜなら、プライベートでのおしゃれは「自分のため」にするものであるのに対して、**仕事の身だしなみは「他人のため」**にするものだからです。その点においても、ディズニーから学べることが多くあります。


ディズニーというのは、ファミリーエンターテインメントです。

すなわち、キャストは老若男女のあらゆる層に、好感を持ってもらう必要があります。さらにいえば、世界で展開するにあたり、文化や人種の壁も越えて、いいイメージを抱いてもらえる格好をしなければなりません。働く施設や職種、業務の区別などに関係なく、清潔で手入れの行き届いた身だしなみを保つことは、キャストとして重要な仕事のひとつです。

逆にいうなら、少しでも嫌悪感を抱かせる可能性のあるおしゃれをすることは、ディズニーではNGです。出社時に身だしなみが守られていないと判断された場合、勤務に就くことはできません。


参考までに、女性キャストの身だしなみのディズニー基準をご紹介しましょう。

髪は、肌、瞳、眉とバランスのとれた色とします。髪を染める場合も、不自然に派手な色やムラのある不揃いな色ではなく、自然な仕上がりでなければいけません。ドライヤーや日焼けなどで髪が傷んでムラになっている場合も手入れを求められます。

メイクは最低限で、清潔感のある自然なものに限られます。ラメ入りや金、銀など過度な輝きの出るメイクは許可されず、派手な色使いもNGです。爪は、指の先端より3ミリを超えない長さ。マニキュアやジェルネイルをする場合は、肌の色に近いものを選びます。パール入りやラメが入ったもの、アートやグラデーションは、色やデザインにかかわらず一切認められません。

イヤリングやピアスは、服装に合った色で直径2センチ以内、耳に固定されるシンプルなデザインのものを1組に限り耳たぶの下方に着用できます。

そしてディズニーでは、バックステージとオンステージの間に鏡があり、キャストは**常にこれらの身だしなみが守れているか**、チェックしています。

どうでしょう。これらを「厳しい」と感じたとしたら、それはあなたがやはり「身だしなみ」よりも「おしゃれ」の視点から、格好をとらえていることになります。

ディズニーでは**「目に触れるものはすべてがショー」**という教えがあります。ディズニーのキャストのように**「身だしなみもショーの一部で、ゲストのためにするもの」**と考えてみませんか。自己満足のための主張や個性を取り払えば、職場で誰にでも愛される人材に近づけるでしょう。

あなたも、前述の誰にでも好感を持ってもらえる「ディズニー基準」を参考に身だしなみを整え、始業前には全身鏡でチェックしてみてください。

Magic Lesson

仕事服のスタンダードを決めよう。

Magic 04

職場に１歩入ったら「キャスト」になる

「ショーを演じる」という
意識が、印象を変える

多くの人から愛される存在になるためには、自らの立ち振る舞いを客観的に意識することが大切です。職場でもプライベートと変わらぬ感覚で過ごしてしまうと、他の社員の目にはいい加減な印象に映ってしまいます。自分は常に見られているという感覚を持ち、プライベートとは違った**仕事人としての役割を、いわば「演じる」**必要があります。

ディズニーのキャストにも、常に「ショーを演じる」という意識を持ち続けることが要求されています。パーク内でディズニーらしくない行動をとってしまった際には、他のキャストから「バッドショーになっているよ」という言葉で指摘を受けます。

私も、新人キャスト時代に、バッドショーを演じてしまったことがありました。お菓子のお店「ワールドバザール・コンフェクショナリー」で働いていた時のこと。お菓子の前で迷ったそぶりをしているゲストに自ら声をかけたところ、「段ボール箱ひとつ分の量を購入したい」とのことでした。

新人だった私は、困っているゲストを見つけ、手を貸せることがまずうれしく、多少舞い上がっていたのかもしれません。

ディズニーキャストらしい笑顔で対応し、「配送センターまでご案内します」と伝え、ゲストの代わりに段ボール箱を抱えて歩き出そうとしました。この時の私は「完璧な対応ができている」と思っていました。

しかし次の瞬間、近くに居合わせたトレーナーのキャストが、大慌てで私のもとに飛んできて、「今のままでは、バッドショーになるよ」と言いました。

商品の入った段ボール箱には、それを生産しているメーカー名や商品名などが書かれていたのです。それをさらして歩くのは、ディズニーという「夢の国」に現実を持ち込む、あり得ない行為でした。ゲストの代わりに持っていくとしても、段ボール箱の表面を袋などで覆って、中身がなんだかわからないようにして運ばなければなりませんでした。

さらに優れたキャストであれば、道中、他のゲストに「なにを運んでいるの」と聞かれても「いいはちみつが採れたからプーさんに持っていくところだよ」などと、気の利いた答えを返したところでしょう。

職場でも、与えられた仕事をただこなすだけでは、その成果にかかわらず「バッドショー」になってしまうことがあります。せっかくきちんと仕事をこなしても、それを提出する際の印象がよくなかったり、誤解を受ける行動をとってしまったりしては、結果的に評価がマイナスになってしまいます。

職場では常に、自らの行動が周囲からどう見えるかということを意識したうえで、マイナスの印象を与えないように努めるのが大切です。

具体的にどうすればいいかといえば、まずは**自分の立ち姿を意識**してみてください。背筋は伸びているでしょうか。アイコンタクトをきちんととっているでしょうか。やたらと髪の毛や鼻を触るなど、相手にとって気になる行動をとってはいないでしょうか。

こうした基本的な言動を意識的に正すだけで、人の印象はずいぶんよくなるものです。**職場では「キャスト」**になったつもりで、演じてみてはどうでしょう。

Magic Lesson

背筋を伸ばして、さっそうと歩こう。

Magic 05

職場の仲間を「ゲスト」のように扱う

なにも受け取らないから、
最高の自己満足になる

ディズニーでは清掃には特に力を入れていて、その指標は「赤ちゃんがハイハイしてもOK」という大変厳しいものです。閉園後には数百人のキャストが一丸となってオンステージを丸洗いしていますし、トイレも裏側に磨き残しがないか手鏡を使って調べるほど徹底しています。

さらに、ディズニーには夜から朝方にかけて清掃をするナイトカストーディアルという職種があります。彼らは22時のパーク閉園後、パーク内の他にディズニーリゾートラインの車両、舞浜駅前、従業員施設をピカピカに磨きあげます。ディズニーにとってとても重要な役割を担っている職種ですが、暗い空の下で、夜通し清掃をするわけですから、決して楽な仕事とはいえないでしょう。

なによりナイトカストーディアルには、ゲストと触れ合う機会がありません。どれだけ心を込めて清掃をしても、ゲストの喜んだ顔を見ることはできず、直接お礼を言われることもないのです。

そんな彼らは、いったいなにをモチベーションに働いているのでしょう。

私は人事部に在籍し、約1万8000人のキャストの声を日常的に聞いていました。そんな中で、ある時ナイトカストーディアルのキャストの言葉に、はっとさせられたことがあります。

「私にとって、朝引き継ぐ仲間のキャストも大事な『ゲスト』です。彼らからの〝ありがとう〟が仕事の原動力になっていますし、自分たちががんばることで仲間がゲストから〝ありがとう〟と言われてもまた、うれしいんです」

このキャストは、いつも朝引き継ぐ仲間が働きやすいように、見えないところで人一倍努力していました。本来自分の仕事ではないはずの掃除用具の点検をしたり、引き継ぎノートを率先して書いたりしていました。そんな彼の姿を知った昼間のキャストも「ゲストから言われた感謝の声」を毎日伝えていたといい、それが彼の大きなモチベーションとなっていたのでした。

ウォルト・ディズニーがこんな言葉を残しています。

「与えることは最高の喜びなのだ。他人に喜びを運ぶ人は、それによって、自分自身の喜びと満足を得る。」（引用文献 ＊1）

確かに幸福というのは「与えてもらった分、返す」というより、「与えるから、与えられる」ものなのかもしれません。

事実、周囲から愛され、仕事もできる人は必ずといっていいほど、自分から先に与えることが得意です。そうなるためにはどうすればいいかといえば、ナイトカストーディアルのキャストのように、仲間をゲストのように大切に思うことです。

職場では、ひとりではなにもできません。仲間の力を借り、時には愚痴を聞いてもらうことで、自分の役割をなんとか全うできます。それに対する感謝を忘れず、どんな時も敬意を払っていれば、仲間のために行動するのは自然なことに思えるはずです。そして、自分のためではなく誰かのために率先して動くことで、ウォルトの言う「与えるという最高の喜び」も経験できます。

そこまでいけば、しめたもの。あなた自身もまた満たされることで、以前より仕事に対するモチベーションが高まり、職場でも前向きに過ごすことができるでしょう。

Magic Lesson

仲間の仕事を、少しだけやっておこう。

Magic 06

身近な人をひとり
喜ばせてみる

感動を生むのは、
「期待を超えた行動」だけ

ディズニーといえば、その高いホスピタリティが話題になることが多くあります。東日本大震災の際、「頭を守るために」と店頭に並べられたぬいぐるみをゲストに配った対応や、雨の水たまりを利用して地面にキャラクターの絵を描くカストーディアルなど、その機転を利かせた行動が、世の中の称賛を受けています。

これらは無論、マニュアル化された行動ではありません。各自のホスピタリティ精神により、自発的に行われたものです。

では、そもそもホスピタリティとはなんでしょうか。よく使われる言葉ですが、実は明確な定義というのは存在しません。**相手をおもてなししようとする心**を全般的にホスピタリティと呼び、特に接客業においてよく用いられています。

ひとつ、ディズニーのホスピタリティを感じた行動の実例を挙げましょう。

私が商品開発部に所属していた頃、商品に関する「お客さま相談室」宛てに、段ボール箱が送られてきました。

箱を開けると、そこにはダンボのぬいぐるみが入っていました。取り出してみれば、表面には汚れや黄ばみが目立ち、目の一部は欠けた状態でした。そしてその他には、手紙が1通。小さな女の子からで「なまえは、はなちゃんといいます。なおしてほしいです」と拙い字で書かれていました。

私は「同じぬいぐるみの新品を送って、喜ばせてあげるのかな」と思っていましたが、それを受け取った担当者の考えは、私の想像とは違うものでした。

彼はまず、はなちゃんを洗濯して、汚れを落としました。そして、欠けた目は新しいものを縫いなおし、できる限りきれいな状態にしました。

こうして見栄えはずいぶんよくなったのですが、やはり新品同様とはいきません。しかし彼は、その状態で送り返すことにしました。そして、はなちゃんに〝入院〟してもらったという内容の手紙を添えました。おめめの欠けたところは治療して、お風呂にも入って、はなちゃんはきれいになりました、と伝えたのです。

ディズニーの商品というのは、ものの価値だけで存在しているわけではありません。それをパークで手に入れた時の思い出、家に持ち帰ってからの時間も宝物であるはずです。その本質を踏まえたうえで、ぬいぐるみに詰まった思いを理解し、子どもの気持ちも大切にした彼の対応は、まさにディズニーらしいホスピタリティを体現したものでした。

ホスピタリティの本質というのは、「**相手のために、相手の期待を超えた行動をする**」というところにあると私は考えています。

ホスピタリティを発揮できると、あらゆる仕事において大きくプラスに作用します。相手を感動させ、自らの評価を上げることができるからです。

まずは相手の気持ちに寄り添い、その思いを理解してみましょう。ただ、突然そうなるのは難しいですから、**まずは身近にいる「誰かを喜ばせる」**ことから始めてみてください。

たとえば、頼まれた仕事は締め切りより1日早く仕上げたり、参考になりそうな情報を自発的に調べてつけ加えたり、といったことです。こうして小さくとも相手の期待を超える行動をとり続けていると、周囲からの信頼が集まってくるでしょう。

Magic Lesson

頼まれた仕事は約束より1日早く仕上げてみよう。

Magic 07

「なんのためにやるのか」を口癖にする

行動的な人は、自分でやる気を演出できる

ディズニーのキャストは、いつも笑顔でいきいきと働いている。そんなイメージを持つ方は多いのではないでしょうか。

ご存じかもしれませんが、キャストのほとんどはアルバイト（準社員）です。「社員ではないのに、なぜあれほど一生懸命に働けるのか」「モチベーションはいったいどこからくるのか」と思う方もいるでしょう。

私が人事部にいた時には、その仕事柄、キャストにヒアリングをする機会が多くありました。また、大学教員となった現在でも、ディズニーでアルバイトをしている学生に話を聞くことがあります。

それらの経験を通じて私が導き出したディズニーキャストの「やる気の源泉」は、主に以下の3つに分けられます。

①ゲストからの**「ありがとうの声」**
②一緒に働く仲間をかけがえがないと思える**「一体感」**
③前より自分が成長していると感じられる**「自己成長感」**

「やる気の源泉」は、職場や仕事内容によっても異なってくるでしょう。ただ、どんな仕事であっても、自らのやる気を意識的に高めることができれば、ディズニーのキャストのようにいきいきと働くことは可能です。

そのためには、まず自らの「やる気の源泉」を知る必要があります。以下の質問に対するあなたの答えを、紙に書いてみてください。

・あなたは、なんのために働いていますか
・どんな時に達成感を感じますか
・今の仕事の目標はなんですか

生活のため、仲間のため、誰かを喜ばせるため……。まずはあなたの働く理由を考えてみて、仕事で達成感を覚える瞬間を想像します。そして、今の仕事の目標をできるだけ具体的に定めます。

こうして書き出された3つの項目が、あなたの「やる気の源泉」です。いまいちやる気が起きなかったり、失敗して落ち込んだりした時には、ぜひこれを眺め、働く喜びを思い出してください。

また、日々の仕事に対するモチベーションを保つためには、具体的に**「やる気スイッチ」の入る行為**を自分で決め、習慣づけるといいでしょう。たとえば私は、大学の研究室に着いたら、まず窓を開けて空気を入れ換え、その日の気分に合わせた香りのアロマを焚き、コーヒーを淹れることを習慣にしています。それをすることで、頭の中が仕事モードに切り替わり、やる気が湧いてきます。簡単なことですが、それでも心のエネルギーが減り始めると、うっかりどれかを行わなかったりもします。

心の余裕がない時に無理にやる気を引っ張り出そうとしてもなかなか難しいため、そんな時は「やる気の源泉」に立ち返ったり、休みを取ってリフレッシュしたりすることに努めるようにしています。あなたも、ひとつでもいいので、自分の「やる気スイッチ」を入れる簡単な習慣をつくってみてはどうでしょうか。

Magic Lesson

「やる気スイッチ」の入れ方を紙に書いておこう。

Magic 08

損か得かよりも、ワクワクする方を選ぶ

ものよりも体験が幸せにつながる

ディズニーのテーマパークには、創立からずっと変わらぬビジョンがあります。
それは、**「ゲストのハピネスを提供する」**ことです。

ハピネスという英語は、「幸せ」「幸運」「満足」「喜び」などと訳されますが、ディズニーが目指すハピネスは、「うれしい」「楽しい」といった、人間が本来持っている根源的な幸福のことを指しています。

なお、幸せには、大きく分けてふたつの種類があります。

ひとつは、お金持ちになる、地位を得る、おいしいものを食べる、などの「物質的な豊かさ」による幸せであり、もうひとつは、愛し愛される、子どもを慈しむ、友情を育むといった、**「精神的な豊かさ」**による幸せです。ディズニーのハピネスは、主に後者の精神的な豊かさになります。

わかりやすくいうなら、ディズニーのテーマパークは、ゲストにうれしさ、楽しさといった幸せを提供し、精神的に豊かになってもらうことを目的として存在しているといえます。

そこで働くキャストもまた、このビジョンを大切にしています。その結果、時給の額や昇給などといった外面的な評価よりも、「ゲストから感謝の言葉をもらってうれしい」「仲間と働くやりがいを感じる」といったような精神的な充実感に重きをおいて働いている人が多くいます。

こうして、企業が精神的な豊かさに重きをおいたビジョンを掲げていると、社員の幸福度が維持されやすいことが、心理学で解き明かされてきています。

アメリカの心理学者であるブリックマンとキャンベルは、宝くじに当たった人々と、事故で半身不随になってしまった人々の幸福度をチェックするという研究を行いました。すると、宝くじの当選者たちは、当たった直後こそ幸福度が上昇しましたが、時間とともに幸福度が下がり、当選する前の状態に戻っていきました。それに対し、半身不随となってしまった人々は、事故直後こそ幸福度が大きく下がりましたが、時間の経過とともに、幸福度は事故前のレベルに戻っていきました。この研究などを通じ、ずっと幸せに過ごすためには、精神的な豊かさを満たすほうがいいことが明らかになってきました。

たとえば、お金を使うにしても、ほしかったものを買うのと、旅行やスポーツなどのレジャーに費やすのとどちらがいいのでしょうか。ものを買って得られる幸福感が長続きしないのに対し、レジャーを楽しみ思い出を残すことの方が幸福感を維持しやすいため、後者のほうがより最終的な幸福度は高くなります。その他、習いごとなどの教育分野への消費も、幸福度を維持しやすいといえます。

ディズニーのビジョンである「ゲストのハピネスを提供する」は、精神的な豊かさという目に見えないものを追い求めるがゆえの難しさがありますが、だからこそのやりがいがあり、チャレンジする情熱も生まれます。

あなたが、仕事をするうえでの幸せはなんでしょう。

確かに昇給や地位の向上も目標になり得ますが、それよりも「お客さまの喜ぶ顔」「チームで働くやりがい」といった精神的なビジョンを目標にするほうが、仕事においての幸福感を維持しやすくなります。自分の気持ちが満たされるような仕事の目的を見つけることで、毎日の仕事がぐっと楽しくなるはずです。

Magic Lesson

目先の損得にとらわれない。

Magic 09

大切な時こそ、
肩の力を抜く

気を張っている人より、
素の人の方がうまくいく

「採用試験」と聞くと、どんなイメージがあるでしょうか。

書類審査、筆記試験、何度もある面接……。「緊張した」「大変だった」と思う方が多いのではないでしょうか。

しかし、もしディズニーで働こうと考えるなら、採用試験をおそれることはまったくありません。事実、ディズニーの採用面接会場は笑顔であふれていて、面接を受けた方のほとんどが「楽しかった」と口にします。そして、残念ながら不採用となってしまっても、その印象が変わることはありません。

なぜそのようなことが起こるのかといえば、採用にもまた「ディズニーらしさ」がふんだんに取り入れられているからです。

ディズニーの両パークは現在、約1万8000人のアルバイトで支えられています。そんなアルバイトの採用においてもっとも特徴的なのは、「書類審査がない」ということです。

採用活動の代表的なイベント「キャスティングサテライト」は、大きな会場を使い、数千人規模の応募者を対象に行われます。

参加するにあたっては、事前予約や履歴書の送付などは、一切不要。髪形や服装も自由です。

私が在籍していた頃は、面接会場にはパークと同じような音楽が流れ、風船が浮かんでいたり、コスチュームを着たキャストが歩いていたりして、一般的な面接会場とは雰囲気が大きく異なりました。参加者は、会場に着き、面接本番前に必要事項の記入と少々の説明があったのち、現役のキャストと面接を行っていました。

なぜ書類審査を行わないのでしょうか。履歴書だけでは、ディズニーのビジョンである「ゲストのハピネスを提供する」ということに共感、共鳴してくれているかどうかを知ることができません。立場や職歴といった事実的要素よりも内面性を重視するために、面接による選考を行っています。

会場の演出に関しては、ディズニーの企業ビジョンや雰囲気、スタイルを伝えるという目的の他、参加者にリラックスしてもらうという大切な意味があります。

人間というのは、緊張した状態では、本来持っている能力をなかなか発揮できません。人の感覚は力を抜いている時ほど呼び覚まされ、ガチガチに固まったような状態では、繊細な感覚が失われてしまうのです。

スポーツ選手は特にそれをよく理解していて、たとえば水泳選手が試合直前まで自分の好きな曲をイヤホンで聞いていたりするのは、リラックスすることで自らの能力をフルに発揮するためです。これはいわば、**意図的に緊張を緩める**手法といえます。

ディズニーの面接会場の演出にもまた、同様の目的が込められていて、参加者がリラックスして自らの能力を存分にアピールできるようにしているのです。


こうして力を抜くことは、日常の仕事においてもとても重要です。**大切な時ほど、気負うことなくリラックス**してことに当たるほうが、いい結果が出やすいといえます。

「音楽を聞く」「好きな香りをかぐ」「伸びをする」など、自分が落ち着く方法をあらかじめ知り、それによって力を抜く経験を積むことです。

まずは自分らしいリラックス法を見つけるところから始めるといいでしょう。

Magic Lesson

肩の力を抜く方法をいくつか用意しておこう。

Magic 10

「でも」「だって」「どうせ」は言わない

よく使う言葉で、自己効力感が変わる

ディズニーのキャストの大きな特徴のひとつは、**「前向きさ」**です。

パーク内で落とし物をしたゲストがいれば、多くのキャストが一丸となってあきらめずに探し続けます。あいにくの雨でも、喜んでもらうためにはどうすればいいかを考え、ほうきと水たまりの水で絵を描きます。

これらの行動の「正解」は、マニュアルにはありません。キャストがその場の判断で独自に動いた結果、自然発生的に出てきたホスピタリティの表れであるといえます。

そして、こうした行動の裏にあるのは、実は「落とし物は必ず見つかる」「雨でもきっと楽しくできる」といった、前向きな思考なのです。反対に、もしキャストたちが、「でも広いパークで落とし物など見つかるわけがない」「だって雨の日に来た人がアンラッキーだから」という後ろ向きな感覚を持っていたなら、自らなにか行動を起こそうとはしないでしょう。

自分が行動を起こす前に、それを「できそう」と思うか、「できないかも」と思うか、というセルフイメージを、心理学では**「自己効力感」**といいます。カナダ人の心理学者アルバート・バンデューラによって提唱されました。

自己効力感は、自らの行動に影響を与えます。たとえば「落としたペンを拾う」という行為に対し、もし「ペンはもう取れない場所に入ってしまった」と思ったなら、ペンを拾おうという努力をせずにあきらめるでしょう。

とっさに「できそう」と思うと行動を起こしやすいですが、「できなさそう」と思ってしまうとなかなか行動に移れないものであり、日常のさまざまな行動の選択が自己効力感に左右されます。

ディズニーのキャストたちは、「できそうだ」と思うからこそ自ら進んで行動を起こしていて、これを「自己効力感が高い」状態といいます。

自己効力感の高い人は、活動的で、ポジティブな気持ちで行動します。また、成功のイメージがあることから労力も惜しまないため、結果がよくなる確率が高まります。反対に、自己効力感が低くなると「きっとうまくいかない」という気持ちになりやすく、モチベーションが高まりません。どうせ失敗すると思うと無意識に労力も惜しみがちになり、結果も出ないでしょう。

つまり、自己効力感を高めることができれば、常にやる気のある状態で物ごとに取り組むことができ、仕事での成果も出やすくなるといえます。

では、ディズニーのキャストのように自己効力感を高めるためにはどうすればいいのでしょう。

もっともいい方法は、**成功や達成という体験を繰り返す**ことです。物ごとを成功させることができれば、自己効力感は以前より高まり、さらにやる気が出てくるという正のスパイラルが発生しやすくなります。初めは低いハードルでかまわないので自分が「できそう」と思える目標を設定し、それを達成することを繰り返しましょう。

また、自分を肯定してあげることも大切です。あなたの人生の主役になれるのは、あなたしかいません。

他人と比べることなく、いつも自分らしくいることができれば、自己効力感は自然に高まるでしょう。

Magic Lesson

うまくいかない時は、できそうな目標を挙げてみる。

Magic 11

ストーリーの主人公の気分で出社する

役を演じると、雑用も〝ミッション〟に変わる

ディズニーのパークは、よく「夢の国」と呼ばれます。その理由は、ゲストが日常を忘れてディズニーの世界を楽しめるからでしょう。

ゲストにとっての「夢の国」をこの世に存在させるため、ディズニーがもっとも重視していることのひとつが、**「ストーリーテリング（物語性）」**です。

ご存じの方も多いかもしれませんが、ディズニーの各施設やアトラクションには、それぞれ細かな設定があります。そしてそれに合わせて、キャストもまたそれぞれ違った「役」をよく理解したうえで、演じています。

たとえば、ボートでジャングルを巡る「ジャングルクルーズ」のキャストは元気で威勢がよく、勇ましさを感じます。ミッキーとその仲間たちが住む「トゥーンタウン」では明るくほがらかです。

一方で、999の亡霊が住む屋敷「ホーンテッドマンション」では、キャストには一切笑顔はなく、どこか不気味な印象です。実際にホーンテッドマンションのキャストは、笑ってはいけないことになっています。

さらに、このようなストーリーテリングの付与は、ゲストの目に触れるところだけで行われているのではありません。

私が所属していた人事部では、新人研修を行う部屋を持っていました。

もちろんこの部屋は、ゲストに公開するようなものではなく、あくまで社内の人間が使うための場所です。

7つの研修部屋には、「ミッキー」「ピノキオ」「ダンボ」「バンビ」などという名前がつけられていました。実は、部屋の名前は、「魔法を使える」または「子ども」であるキャラクターで統一されているのです。

その理由は、新人キャストたちに「ふたつの思い」を込めているからです。

まず、ゲストにディズニーマジックをかけられる人材になってほしいという思い。

そして、これからどんどん成長していってほしいという思いです。

このように、内外問わずすべてに**一貫したストーリーテリングを持たせることで、ディズニーは「夢の国」であり続けている**のです。

これを社会に当てはめて考えてみると、あらゆる仕事のビジョンというのは、実はディズニーのストーリーテリングに近いものです。その実現のために多くの人が「キャスト」としてそれぞれのすべきことを行っています。

ぜひあなたにも、職場での役割を演じてみてほしいと思います。

自分がなりたい人のイメージを思い描いてみてもいいですし、素敵だなと思う先輩や俳優さんの真似をするところから始めてみてもいいでしょう。

あなたが「キャスト」を演じた仕事にも、必ず「ゲスト」がいて、「ハピネス」を提供しているはずです。だからこそ、今与えられている役を、全力で演じ切ってみてください。すると、簡単な仕事だって、ミッションになるはずです。

誰かを幸せにするために、自分の役を演じる。

そう思えると、ディズニーのキャストのように毎日いきいきと働くことができるかもしれません。

Magic Lesson

誰かの「ハピネス」のために役になりきってみよう。

Magic 12

毎日が「ショーの初演」と考える

人はたった今から、新しくなれる

社会人になりたての頃は、初めての経験が連続して押し寄せ、とにかく必死になって過ごしているうちに時間が過ぎていくでしょう。しかし、何年か同じ仕事をしていると次第に慣れ、どうしても気持ちが緩みがちです。時には「毎日が同じことの繰り返しで、なんだかつまらない」と感じてしまうことがあるかもしれません。

実は私も、働き始めて1年目の頃、毎日のルーティンワークに疑問を感じたことがありました。当時は新人キャストとして、お菓子のお店で働いていたのですが、ひたすらレジを打ち、商品がなくなれば補充をするという繰り返しに、緊張感が薄れていました。「チョコレートクランチが何個売れたか」などを個人的に数えるなどしてなんとか日常に変化を与えようとしたものです。

そんなある日のこと。レジで商品を手渡した女の子がとびきりの笑顔で「ありがとう！」と言ってくれた瞬間、私の頭の中に浮かんできた風景がありました。入社してすぐの頃、人生で初めてのゲスト対応をした時のことです。私は大いに緊張していましたが、パーク内をうろうろとしていると、ふたりの親子がイスに腰かけているのが目に入りました。

6歳くらいの女の子は、どこかぎこちない雰囲気で、うつむき加減に座っています。

横に座るお父さんは途方に暮れた様子です。

緊張しつつも、思い切って「こんにちは」と声をかけました。そして話を聞くと、お父さんは「娘をミッキーに会わせたいけれど、どこに行けばいいかわからない」と言いました。私はマップを片手に、ミッキーの住む「トゥーンタウン」のことを説明して送り出しました。

1時間ほど経った頃、その親子が私のところにかけ寄ってきて、女の子が「ミッキーに会ってきたよ！」とうれしそうに教えてくれました。そして、お父さんがおもむろに話し始めたのです。「実は昨年離婚しまして、今日は月に一度の娘に会える日だったんです。声をかけてくれてありがとう」

その時に私は、ゲストひとりひとりに、それぞれの物語があるということを改めて実感しました。また、帰り際に女の子がにっこり笑って「ありがとう！」と言ってくれたことが、とてもうれしく、感動したものでした。

そのエピソードを思い出した瞬間、私は深く反省しました。自分にとっては同じことの繰り返しでも、ゲストにとってはそれぞれの人生の思い出に刻まれる、大切な「ショー」のひとつなのです。仕事を始めた頃の驚きや感動といった「初心」を大切にしつつ、もっとよいサービスをするにはどうすべきか考えるべきでした。

能役者・世阿弥が残した『風姿花伝』では、初心とは「初めに戻る」ことではなく、前よりもさらに高みを目指すことであるという意が説かれています。日々の仕事においても、**毎日が「ショーの初演」という気持ち**で、昨日より少しでも優れた自分でい続ける努力をすることで、どんどん成長することができます。

仕事に慣れ、気持ちが緩んできた時こそ、初心に帰り、**入社した時の喜びや感動を思い起こしてみてください。**

そして、今の仕事をよりよくするにはどうすればいいかを考え、「いつまでに、なにをどう変えるか」を書き出して目につくところに貼ってみてほしいと思います。

それが実現できたなら、あなたは確実に、昨日の自分よりも成長しています。そうして成長の実感をつかむことで、仕事がもっと楽しくなるはずです。

Magic Lesson

常に変わり続けていこう。

Magic 13

ラッキーカラーを
決めておく

「色」の効果は、味方になってくれる

ディズニーの商品開発部では、本当にさまざまなグッズを扱っています。ぬいぐるみ、コップ、カチューシャ、クッキー……それらすべてに、ディズニーのキャラクターが入っているわけですが、実はその「色」に関しては、アメリカのディズニー本社から非常に厳しいチェックが入ります。

たとえば、「くまのプーさん」は、あざやかな黄色の毛並みをしているのが特徴のひとつですが、その黄色も、色見本の「○○番」を使用する、というところまで細かく指定されています。

紙に印刷する分には難なく色見本通りにできますが、ぬいぐるみの素材となる繊維や、アルミ製の缶などに印刷する場合、仕上がりの色味は素材それぞれによって大きく違ってきます。それを調整し、できるだけ色見本の質感に合わせていくのですが、その作業がとても大変で、承認が出るまで何度も提案を繰り返した記憶があります。

それほどまでに色にこだわるのは、やはりディズニーという世界に一貫性を持たせるためですが、それ以外にも隠された理由があると私は考えています。

心理学的に見れば、ディズニーキャラクターの色というのは、各キャラクターの個性と非常にマッチしているといえます。

スイスの心理学者マックス・ルッシャーは、人が好む色には心理学的な意味があり、その人の人格が投影されると考えました。現在では、色が人の印象に大きな影響を与えることが知られています。色と印象の代表的な関係は、次の通りです。

赤……情熱的、積極的
ピンク……愛情深い、世話好き
オレンジ……陽気、社交的
黄色……元気、好奇心旺盛
緑……理想、平和主義者
青……誠実、知的、自立
紫……高貴、神秘的
茶色……協調、責任感
黒……おしゃれ、現代的
白……真面目、正義感が強い

ミッキーをはじめとしたディズニーキャラクターには、情熱を感じさせる赤や、元気で好奇心旺盛な黄色がよく使われています。また、プリンセスたちの衣装には、高貴で神秘的な印象の紫や、知的で自立心を感じさせる青が取り入れられていることが多くあります。それを見る限り、色の心理的効果とキャラクターを意図的に結びつけていると思えるのです。

この**色の効果を日常に取り入れる**ことは、誰にでもできます。アメリカのオバマ大統領は、情熱を表す赤いネクタイと、誠実さを強調する青いジャケットをよく着ていますが、そのように組み合わせることで自らの印象をコントロールしています。

仕事においても、ここぞという勝負どころでは情熱的な赤、明るく見せたいなら黄色やオレンジ、落ち着いた印象を残したいなら青や緑、チームで動く時には協調性を感じさせる茶色など、うまく取り入れてみてはどうでしょうか。

Magic Lesson

「その日、なりたい自分」に合わせて身につけるものを変えよう。

Magic 14

身のまわりの香りを変えてみる

〝考え〟より〝香り〟を変える方が
切り替わる

ディズニーの世界というのは、もともと2次元のアニメーションからスタートしています。テーマパークでは、いかにそれを3次元の「現実」として違和感なく表現できるかを追い求めてきました。

そこで力を入れてきたのが、**「五感に訴える」**ということです。見た目だけではなく、人のさまざまな感覚を刺激し、さらには心理的な錯覚をうまく取り入れることにより、2次元の世界を身近な「現実」として認識させています。

ディズニーランドのエントランスへと続く道は、なだらかな下り坂になっています。このなだらかな坂を下る時、ゲストは無意識に早足になり、心臓の鼓動が高まります。脳はそれを気分の高揚によるものと勘違いし、ドキドキ、ワクワクする気持ちをさらに後押しします。

パーク内のワールドバザールには、反対になだらかな登りの傾斜がつけられています。この傾斜のおかげも相まって、ワールドバザール入り口からは、パークのシンボルであるシンデレラ城がほぼ見えません。奥に向かって歩き、傾斜を登ることで初めて、お城の全景を見ることができます。この行動によって、シンデレラ城を見た際の感動がさらに大きくなるのです。

エントランスでかかっている音楽も、漫然と流しているわけではありません。音楽は時間帯によって変わり、朝は気持ちがワクワクするような元気のいい曲、夕方はテンポの落ち着いた心癒やされる曲が流れています。人は、その時の気分と同調するような音楽を聞くと心地よく感じ、心理学ではそれを「同調効果」と呼びますが、まさにその効果を狙ってのことでしょう。

そしてもうひとつ、香りにも秘密が隠れています。

パークの名物であるポップコーンは、さまざまなエリアで販売されています。そのふわりと漂う香りに誘われ、つい買ってしまう人も多いのではないでしょうか。実はあの香りのいくつかは、エリアに合わせて使い分けられています。

たとえば、冒険のエリアであるウエスタンランドでは、刺激的な香りのカレー味、プーさんのハニーハントのそばでは、甘い香りのするはちみつ味など、エリアのイメージを嗅覚に訴えているのです。

香りというのは、脳の大脳辺縁系という部位で感じることが知られています。この大脳辺縁系は食欲などの本能に基づく行動や、喜怒哀楽といった情緒行動を司り、自律機能にも大切な役割を果たしています。いわば香りには、ダイレクトに感情や本能に訴えかける作用があるのです。

日常生活でも、ディズニーで行われているように自らの五感を刺激することで、元気をチャージしたり、気持ちを落ち着かせたりすることができます。

もっとも取り入れやすく、**効果も高いのは、香り**です。

柑橘系やフローラル系など、香りの好みは人それぞれですが、自らが「いい香り」と感じている香水やアロマオイルなどを、疲れた時やリフレッシュしたい時にかぐだけで、脳がリラックスし、気分が新たになります。

まずは自分が好きな香りを知ったうえで、香りのエッセンスをハンカチにほんのりつけて携帯してみてはどうでしょう。さらに興味があればアロマテラピーについて学び、知識に基づいて香りを使い分けると、**よりうるおいのある毎日**を過ごせるようになるはずです。

Magic Lesson

好きな香りを携帯して
疲れた時はリラックス。

Magic 15

嫌なことは、
書いて忘れる

ストレスは表に出せば、手放せる

みなさんは、近年注目されている「感情労働」という言葉をご存じでしょうか。

感情労働は、体を使う「肉体労働」、頭を働かせる「頭脳労働」に続く第3の労働形態といわれ、ゲストへのサービスに価値を見出す働き方を指します。**「自らの感情よりも相手の感情を優先して対応すること」**を重視し、客室乗務員や看護師、コールセンターのオペレーターなどが代表的な職種といえます。

感情労働につきものなのが、自らの感情を抑えて人と接することによる精神的なストレスです。

疲れている時や、精神的にきつい時期でも、感情労働の職種というのはそれを表に出すことは許されず、いわば自分の心を押し殺した状態で、常に笑顔で、相手の気持ちを満たすことに力を注がなくてはなりません。

ディズニーのキャストという仕事もまた、感情労働です。

そして、いくら優れたキャストでも、やはり感情労働のストレスから逃れることはできません。それでも働き続けていくうえで重要なのは、いかに自分の心と向き合うか。ストレスを溜め続けると心身へのさまざまな悪影響があるのは言うまでもありません。感情労働では特に顕著ですが、それ以外のあらゆる仕事においても、ストレスに意識的に対処するのはとても大切なことです。

心理学では、ストレスを和らげるための思考や行動をとることを、「ストレスコーピング」といいます。私はちょっと気分が乗らないと感じたあとはよく友人とカラオケに行くのですが、そうして発散することも、ストレスコーピングのひとつです。

ストレスへの対処法は、大きく2種類に分かれます。ひとつは、ストレスの原因となっていることに働きかけて**それ自体を変えること**。もうひとつは、原因ではなく自分の心、つまり考え方や感じ方を、**ストレスがかからないように変化させる**ことです。

他人に対して厳しい人ほど、相手の失敗を忘れず、嫌な記憶に自ら固執してしまう傾向があります。たとえ、失言や心ない行動があったとしても、それを根に持つほどストレスが溜まり続けますから、結果的につらい思いをするのは自分です。

「人間だから、機嫌の悪い時もある」「自分もいつか同じことをするかもしれない」というように受け取り、自らの考えを丸く変えることで、意識的にストレスを手放しましょう。

また、ストレスのタネをすぐ発散することも大切です。嫌なことがあったら、まずはその日のうちにそれを紙に書いてみてください。それでストレスが軽減されるのは科学的にも証明されていて、抽象的な感情を言葉により具体化することで気持ちが落ち着きます。

そうして書き出したら、その紙をびりびりと破り捨ててしまいましょう。その行動自体がストレス発散になり、気分がすっきりします。その他、友人に愚痴を言うなど、誰かに話すことでストレスが大きく軽減することも知られていますから、とにかく早く吐き出してしまうことです。

あとは、遊びに行くのも、心の掃除。嫌なことは楽しいことで上書きし、きれいさっぱり忘れてしまいましょう。

Magic Lesson

寝る前にモヤモヤを書き出して、破り捨てよう。

Magic 16

心がざわついたら、その場から離れる

感情のピークは、６秒しか続かない

ディズニーのキャストたちには、嫌なことがあっても、落ち込んでいても、常に同じように自らの役割を演じ続けることが求められます。その仕事は「感情労働」であり、ストレスが溜まりやすい職種のひとつといえます。

私は以前、パーク内のゲストの数が飽和状態となったことから入場制限をかけたキャストが、入場できなかったゲストに怒鳴られてしまう様子を目撃したことがあります。たとえ好きで選んだ仕事だったとしても、やはり「働き、お給料をもらう」ということは、大変なことです。

そんなキャストたちにとって必須ともいえるスキルが、**感情のコントロール**です。ゲストにきつく当たられたからといって、怒りに任せて怒鳴り返したり、仕事ができないほど落ち込んだりしてしまっては、キャストは務まりません。

私が出会ったキャストの中で、いつ会っても感じのいい女性がいました。性格は明るくほがらかで、周囲への気遣いを忘れず、いつもにこにこしている印象です。

彼女のすごいところは、いつでも変わらず、感じがいいままであったということです。人生には、つらいことやしんどいことが必ずありますし、仕事で疲れたり、人間関係に悩んだりすることだってあります。体調の問題などで、イライラしたり、不機嫌になったりもするでしょう。しかし彼女はそれらの影響を表に出すことなく、いつでも愛想よくふるまっていました。彼女が職場の誰からも好かれる存在であることは、言うまでもありません。

彼女はなぜ、そんなふうにあり続けられたのでしょうか。その理由をひとつ挙げるなら、感情のコントロールがとても上手だったからだと思います。気分をアップダウンさせず、常に一定の範囲内に保つことで、いつでも同じ自分でいられたのです。

仕事に嫌なことや思い通りにならないことはつきものです。いわばストレスを受けるのは当たり前。その時に感情をどうコントロールし、平静を保つかというのは社会人として身につけておくべきスキルといえます。

嫌なことがあった際には、一度その場を離れることが心理学的に有効です。その場で感情を吐露せずに、バックステージや化粧室などに「一時避難」して、心を静めるといいでしょう。気持ちが折れそうになったら無理をせず、誰かに相談したり、ストレス発散に努めたりすることも大切です。そうしてストレスを溜めないことで、日々の感情もまた安定します。

喜怒哀楽の中で、もっとも人間関係に影響を与え、仕事にも影響しやすいのが「怒り」です。

怒りの感情というのは、大きな波となって押し寄せ、瞬間的に増大します。しかし逆に長く継続することはなく、怒りの**感情のピークは最大でも6秒程度**と考えられています。この数秒を乗りきれば、感情的にならずに物ごとに対応できるのです。

どうやってやり過ごすか、最良の方法は**「深呼吸する」**ことです。

人は怒りを感じると呼吸が浅くなる傾向があるため、逆に呼吸を深めると落ち着きます。納得のできないことを言われたら、怒りの赴くままに相手に言葉を返すのではなく、一度その場を離れて深呼吸。鼻から大きく息を吸い、いったん止めて、口からゆっくりと吐き出すようにしてみましょう。

Magic Lesson

「自分らしくない」時は深呼吸しよう。

「MAGIC」が人を成長させる

ディズニーには、「人財」の成長モデルというものがあります。キャストたちは、それぞれの成長ごとの段階に見合った役割を期待されています。この成長モデルは、頭文字をとって「MAGIC」と名づけられ、それぞれの段階にいるキャストもまた、頭文字で「M キャスト」「A キャスト」などと呼ばれています。

① Make up（化粧する）
舞台に上がる準備として「化粧をほどこす」段階です。入社したてのキャストが該当します。

② Action!（演技スタート）
入社して2カ月ほど経つと、いよいよショーの開幕です。ただし、「役者」としてはまだまだ未熟。

③ Growing up（成長する）
何度も舞台を経験することで、どんどん成長していきます。「演技」の質を磨いていく段階です。

④ Instruct（教える、指導する）
演技は成熟し、自分の役割を完璧にこなせます。トレーナーとしてその経験を人に伝えていきます。

⑤ Captain（チームをまとめる）
最終段階は、「主演」としてチームを取りまとめる存在になることです。

このモデルが評価基準として活用されています。あなたも、自らの成長を「MAGIC」に当てはめて考えてみてはどうでしょうか。

CHAPTER 2

まわりを自然と
笑顔に変える
魔法の言葉

《コミュニケーション編》

The Communication

Magic 17

ミッキーの声マネをしてみる

高い声は安心感を与える

ディズニーキャラクターの主役といえば、やはりミッキーマウスです。
世界中の人々から愛される、丸みを帯びたフォルムと、少し高い声が特徴のキャラクターです。

ところで、ミッキーはなぜあのように高い声をしていると思いますか。
それを解き明かすには、まずディズニーの生みの親であるウォルト・ディズニーの思いについて知る必要があります。

ミッキーには、実は原点となったキャラクターがいます。その名は「オズワルド・ザ・ラッキー・ラビット」。うさぎということで耳は長くなっていましたが、顔のパーツや体形にミッキーの面影があります。

オズワルドは、アニメとして全米で放映され、たちまち人気者になりました。ところが、ウォルトは確かにオズワルドの発案者でしたが、法律上の版権は配給会社にありました。ウォルトは版権を巡る争いに巻き込まれた結果、自分がつくり出したキャラクターを手放し、描くことができなくなってしまったのです。

オズワルドを失ったウォルトは、失意の日々を過ごしましたが、そこから立ち直り、もう一度新たなキャラクターを生み出すべく、構想を練りました。その際に、以前飼っていたねずみの愛くるしい姿を思い浮かべ、それがミッキーの誕生につながったのです。

そうした誕生までの過程もあり、ウォルトはミッキーに深い愛着を持っていました。そして、「自分の分身」との思いから、アニメでは自分でミッキーの声を演じたのです。この時に、ウォルトが普段よりワントーン高い声で演じたことが、ミッキーの声が高くなった理由といわれています。

ウォルトは、ミッキーの声を決して根拠なく定めたわけではないはずです。実は少し高い声というのは、心理学的には好感度や安心感を与えることが知られています。その好例が、大人の赤ちゃんに対する話し方です。

大人が乳幼児に向かって話しかける時には、自然と声が高くなる「マザリーズ」という話し方をします。マザリーズは、ほぼすべての言語圏や文化圏で行われ、老若男女を問わず使われていることから、全世界共通のメカニズムであると考えられています。

愛情とともに語りかけられるマザリーズを心地よいと感じた記憶から、大人になっても高い声に安心感を抱くと思われます。ミッキーは、自然に愛される声の持ち主だったのです。

ちなみに、低い声というのは、説得力や信頼感を与えるのに適しています。たとえば会議やプレゼンテーションの場などでは、少し声を低めてゆっくり話すと効果的とされています。

あなたの声は、高いでしょうか。低いでしょうか。

自分の声の特性を踏まえたうえで、「人との距離を縮めたい時は少し高めにする」など、**シーンによって声色を少し変える**と、ミッキーのように愛される存在になれるはずです。

Magic Lesson

いつもより、ワントーン高い声を出してみよう。

Magic 18

目が合ったら、
口角を上げる

親しみやすさは最高のスキル

「人の第一印象は5秒で決まる」という話を、聞いたことはあるでしょうか。

アメリカの心理学者アルバート・メラビアンは、初対面の人を認識する際に影響を与える要素を研究しました。それによると、人の第一印象というのは、「見た目、表情、しぐさ、視線など」の視覚情報が55％、「声の質と大きさ、話す速さ、口調など」の聴覚情報が38％、「言葉そのものの意味、話の内容など」の言語情報が7％というような割合で決まるとされています。

つまり、第一印象の半分以上は視覚情報で決まり、それを判断する最初の3～5秒が、その人の印象として残りやすいわけです。

なお、この「メラビアンの法則」に関してはいくつかの解釈がありますが、いずれにせよ「見た目」が第一印象を左右することは、間違いないところでしょう。

ディズニーのキャストに会った際、悪い印象を抱く人は、ほとんどいないのではないでしょうか。ゲストがキャストに抱く印象として、「親しみやすい」「安心感がある」といった声がかなり多く聞かれました。

その理由は、大きく分けてふたつあります。

ひとつは、見た目が清潔で、自然な印象であること。

「身だしなみ」についての項目でも述べた通り、ディズニーのキャストは老若男女問わず好感を持ってもらえるように身だしなみを整えています。

そしてもうひとつが、笑顔です。

「ホーンテッドマンション」などの役割として笑わないようなキャストを除き、ほとんどのキャストは、ゲストに対し笑顔で接します。

では、そもそもなぜ笑顔が第一印象をよくするのでしょう。

実は人間というのは、生まれる前から微笑んでいます。超音波検査の画像では、赤ちゃんが、お母さんのおなかの中にいる時から微笑みを浮かべているのが見てとれます。

この世に生を受けてからも、目が見えない状態の時から、寝ながら微笑んだり、人の声を聞いて微笑んだりしています。笑顔というのは、いわば人間に生まれながらにして備わっているものなのです。さらに、子どもが見せる笑顔の数は、1日に400回にも達するといいます。大人になって1日に何回笑うかを考えてみると、この数がとても多いことがわかるはずです。

アメリカのペンシルベニア州立大学での研究では、笑顔でいると、まわりの人に好感を与え、親切に見えるだけではなく、能力がある人に映るという結果が出ています。

このように笑顔というのは相手の本能に訴えかけ、安心感を与える力があるのです。

初対面でにっこりと微笑めば、それだけで第一印象はかなりよくなります。仕事で第一印象を常によく保てるなら、それは大きなプラスになります。また、職場でも笑顔でいることで、親しみやすさや親切な雰囲気を醸し出すことができます。

笑顔は、コミュニケーションの強い味方なのです。

ディズニーのキャストのようにいつも笑顔でいるためには、ある程度意識的に笑顔をつくることが必要です。まずは**始業前に鏡を見て口角を上げ**、笑顔の確認をする習慣をつけてみませんか。

Magic Lesson

仕事の前に、鏡に向かって笑ってみよう。

Magic 19

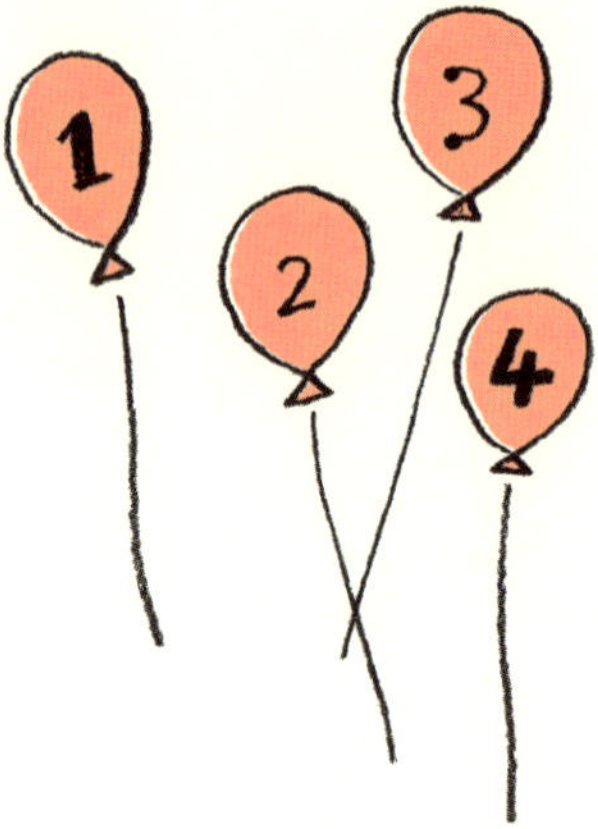

伝えたいことは、シンプルにする

「マジカルナンバー」を使うと、
覚えてもらえる

ディズニーが目指しているゴールが「ゲストのハピネスを提供する」ことであるのはすでに述べた通りです。

ディズニーのすべてのキャストたちは、ハピネスを提供するために行動していますが、実はキャストに求められている行動基準は、とてもシンプルです。

①安全（Safety）

ゲストや施設はもちろん、キャスト自身の安全も含め、もっとも重視されています。フードなどの品質管理基準も国の基準よりはるかに厳しくなっています。

②礼儀（Courtesy）

作法だけではなく、相手の立場に立ったホスピタリティも含まれます。研修では特に、あいさつ、笑顔、言葉遣い、アイコンタクトについてチェックされます。

③ショー（Show）

「目に触れるものはすべてがショー」という考え方から、身だしなみや立ち振る舞いを常に意識します。清掃からゲスト対応まであらゆるシーンで求められます。

④**効率（Efficiency）**

ゲストのためにチームワークを発揮し、より効率的に動くという考え方です。ゲストに待ち時間を長く感じさせないための工夫などが、これに当たります。

これらは優先度の高い順に並んでいて、英語の頭文字をとって「SCSE」と呼ばれています。ディズニーのキャストなら知らない人はまずいないでしょう。

SCSEが浸透している理由のひとつとして、「4つだけ」というシンプルさが挙げられます。

最近の心理学の研究では、短期記憶において、4が「マジカルナンバー」といわれています。人が一度に処理できる情報量には限界があり、それが4つ前後であるということが、わかってきているのです。

なにかを覚えたり、身につけたりする際に、いきなり10も20ものことを同時にやるのには無理があります。処理能力の限界を超えると、必ずなにかが抜け落ちてしまったり、スムーズにこなせなかったりして、結果的にパフォーマンス全体が下がってしまいます。

仕事においても、一度にこなすタスクを、本当に必要なもの3～4つに絞り込むことで、それらに対し集中して取り組むことができます。その数の範囲内であれば、パフォーマンスを保ったまま、ミスが少なく仕事ができるでしょう。

相手になにかを伝えたい際にも、マジカルナンバーは効力を発揮します。

「○○案について、相談が3つあります」というように、ひとつの要件に対して**4つ以下の範囲で報告や相談**を行うようにすると、相手はその内容をきちんと理解でき、集中して対応してくれるはずです。

メールでの依頼や、上司へ相談を持ちかける時、プレゼンテーションの際などには、ぜひマジカルナンバーを意識してみてください。

Magic Lesson

話しながら考えないで、まとめてから話そう。

Magic 20

仲間のいいところを
見つけて、ほめてみる

認め合う雰囲気が、チームを強くする

本書が、ディズニーキャストを手本のひとつとしていることもあり、ここまで読んで、キャストがさも「完璧」な人材のように感じる人もいるかもしれません。しかし、キャストの多くは普通の学生や主婦であり、並外れた能力がある人だけが働いているわけではありません。キャストたちもみなさんと同じように、失敗したり、落ち込んだり、時には仕事の新鮮さが薄れてマンネリ感を持ったりしながら働いています。

それにもかかわらず、やはりディズニーキャストのホスピタリティは高く保たれ続け、いつ行っても「夢の国」を堪能させてくれます。

なぜ、こうしたことが実現できているのでしょう。その大きな理由として挙げられるのが、ディズニーが力を入れて行っている**「ほめ合う文化」**の醸成です。

象徴的な取り組みとしては、ディズニーの行動基準である「SCSE」を実践している素晴らしいキャストを、キャスト同士の投票によって選び、授与式を行います。投票用紙には「相手のなにがよかったか」という具体的な指摘と賛辞のメッセージが書かれ、それが本人の手元に渡ります。

ユニークなところでは、管理職がキャストをほめるためのカードがあります。管理職はこのカードを常時携帯し、キャストがゲストサービスにおいて素晴らしいおもてなしをしている場面を見かけた場合などに、直接手渡しています。

カードには、「どんなところがよかったのか」という具体的なポイントと賞賛のメッセージが記載されています。キャストにとっては、自らのよいパフォーマンスをその場で認めてもらうことができ、とても励みになります。

さらに、このカードを受け取ったキャストは、パークで開かれるパーティーに参加できます。パーティー当日、ホストとなってキャストをもてなすのは、管理職の面々。私の在籍時も、管理職が役職の壁を取り払ってホスト役に徹することで、毎回大いに盛り上がっていました。

このように、お互いをほめ合える雰囲気をつくることは、ディズニーの人材育成の根幹のひとつとなっており、実際にキャスト同士で、「今日のあの時のゲスト対応はよかったよね」などと自然に声をかけ合う場面も多く見られます。こうしてお互いを認め合うことが、キャストのモチベーションの低下や仕事のマンネリ化に対するいちばんの薬となっているのです。

もしあなたの職場に、「ほめ合う文化」を根づかせられたなら、お互いを高め合い、前向きに仕事をしていける素晴らしい環境となります。

それを目指すには、まずあなたから、**同僚のいいところを積極的に探して見つけ、ほめていってほしい**と思います。ほめられて悪い気のする人はいません。人間関係もきっとよくなります。

ただし、「ほめる」のと、「持ち上げる」のは違います。なんでもかんでも持ち上げてばかりでは、「なんだか調子がいいことばかり言う人だな」というマイナスの印象を与えてしまうこともあります。

「ディズニー流のほめ方」のポイントは、**具体的にほめること**です。

「なにがよかったか」「どんなところが優れていたか」をはっきりさせて、それに対する賞賛の言葉をかけてあげるようにしましょう。

Magic Lesson

行動を、具体的にほめよう。

Magic 21

みんなのやる気になる言葉を選ぶ

伝え方しだいで、人の気持ちは変わる

ディズニーでは、一般企業の方々に向けて、人材育成やゲストサービスについての研修を行っています。

私は、セミナー事業を担当する部署に在籍していた頃にその研修の講師を務めていて、受講者に対してのプレゼンテーションを行う機会がよくありました。

ディズニーのビジョンである「ゲストのハピネスを提供する」ということについて説明していると、受講者からよくこんな質問を受けました。

「ディズニーは、夢を提供することを使命としていますが、一方で利益をどのように追求しているのでしょう」

確かにそれは、一般企業の方々にとっては気になるところかもしれません。いくら「夢の国」といっても、企業である以上、利益は必ず上げなければいけません。商品開発部など、売り上げが発生する部門は特に、客単価や利益率といった数字の読みを求められます。管理職になれば、それらを当然念頭に置きつつ、仕事をしていくことになります。

ただし、そうした経営レベルの話というのは、ディズニーを支えているアルバイトの準社員たちには、特に説明することはありません。なぜなら、それは彼らが演じる役割ではないからです。

とはいえディズニーでも、一般企業と同じように、経営視点での判断から現場のルールが変わることがあり、それはダイレクトにキャストたちの行動に影響してきます。キャストたちには当然、これまでのやり方が変わる訳を説明しなければいけません。その際に問われるのは、今まで伝えてきたことと矛盾がないかどうかです。


以前、パーク内のお店では、商品を入れる買い物カゴがありませんでした。商品を抱えてレジに並ぶゲストが増えたことから、カゴを導入することになりました。

もっと楽に買い物をしてほしいという思いがいちばんでしたが、それ以外にも複数のメリットを想定していて、その中のひとつに「まとめ買いがしやすくなり、客単価を上げることができるのではないか」という読みがありました。

そして導入が決まり、現場への説明が必要になったのですが、その際に私は、客単価についての話はまったく触れませんでした。なぜなら、客単価を上げるという目的は、ゲストに尽くすことに喜びを覚えるキャストたちのモチベーションにはなり得ないからです。

では、どのように説明したのでしょうか。売り場では時々、瓶に入った商品を落として割ってしまう方がいます。その予防のため、すなわち行動基準のもっとも上位である安全（Safety）に準じた導入であり、スムーズにいくよう協力してほしいとお願いしたのです。それでキャストたちは納得してくれ、積極的にゲストにカゴをすすめてくれるようになりました。

Magic Lesson

お願いする時は、前向きな言葉を使おう。

職場で誰かになにかを頼む際も、あなたの言い方ひとつで、相手の仕事に対するやる気は大きく変わってきます。ですから頼みごとの前には、一度考えを巡らし、**相手がもっともやる気になるような言葉**を選んで伝えるようにするといいでしょう。

ただ「売れるからやろう」などと言うのではなく、「もっとたくさんのお客さまを、一緒に喜ばせよう」と情熱を持って語るようにすると、相手もモチベーション高く仕事に取り組んでくれるはずです。

Magic 22

自分が話すより、2倍耳を傾ける

聴けば聴くほど、頼られる

優れたディズニーのキャストは、ゲストの望んでいることに対し、常に意識を張り巡らしています。たとえば道を尋ねられた際にも、アトラクションに乗るためか、買い物をするためか、どこかに寄ってから帰るためかなどの目的を相手から引き出して確認したうえで、より適切な対応を行っています。

ゲストの望みを知るためにもっとも大切なのは、話すことよりも聴く量を増やすことです。答えは相手のうちにあるわけですから、自分の意見はさておき、まず相手の話をきちんと聴く必要があります。この「聴く」は「聞く」とは違い、**注意深く心で感じながら耳を傾ける**という意味があります。

世の中には、**「聴き上手」**といわれる人がいます。なんだか話しやすい雰囲気があり、自分の心を打ち明けてもいいような気がする相手です。そして聴き上手な人というのは、多くの人から好かれています。実際にディズニーでも、聴き上手なキャストは、たくさんのゲストから好感を持たれる存在となっています。

このような「聴き上手」を、さも才能のひとつのように思っている人もいるかもしれません。しかし実は、ちょっとしたコツをつかむことで、誰でもそうなれるのです。

もし身近に「聴き上手」がいたなら、話を聴いている時の様子を観察してみてください。ただじっと聴いているわけではないことがわかるはずです。

相手と目線を合わせたうえで、話に対してこまめに相づちを打ち、時に相手の話に驚いたり、微笑みを浮かべたりして共感の意を示します。これらのリアクションこそが、相手が話しやすい雰囲気をつくるための大きな要素となっているのです。

相づちというのは、「聴いている」という姿勢を示すためにもっとも有効な動作のひとつです。なんらかの意見を差し挟むよりも、相づちを挟んだほうが、相手にとって話しやすくなります。

効果的な相づちを打つために必要となるのが、相手に対する共感的理解です。話し手が感じていること、考えていること、表現しようとしていることを、話し手の身になってできるだけありありと想像しながら聴き、相手の気持ちに寄り添います。

そうすると、たとえば相手が「びっくりした」と感じたことを話す際には、「えっ、本当ですか！」などと相づちを打ちつつ、驚いた表情を浮かべることができます。相手が「共感してほしい」と思いながら話しているなら「私もそう思います」などの言葉とともに、うなずけるようになります。

つまり、聴き上手になるためには、**相づちを打つ**ことと、**相手の気持ちに共感する**ことが重要なのです。

まずは、目線を合わせて話を聴き、相づちを多めに入れることを意識することから始めましょう。そして、相づちを打つ際、話の内容に合わせてうなずいたり、驚いたりするアクションを加えると、より「聴いている」という雰囲気を醸し出すことができます。

また、相手の言葉を繰り返す相づちも効果的です。たとえば「昨日は大変でしたよ」と言われたら「そうですか、大変だったんですね」と返すようにします。

こうして聴き上手になることができれば、自然に人とのコミュニケーションが円滑になり、まわりからも「相談しやすい」と頼られる存在になるでしょう。

Magic Lesson

相づち上手になって、聴いている姿勢を示そう。

Magic 23

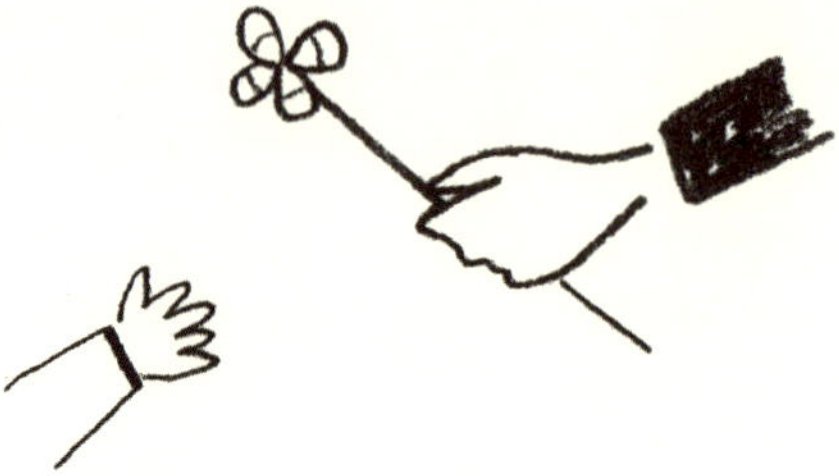

困りごとがあったら、最初に手を上げる

大変さを共有するから、
信頼関係が生まれる

ディズニーのお客さま相談室にあたるのが、「東京ディズニーリゾート・インフォメーションセンター」です。私が勤務していた頃も、賛辞から厳しいご意見まで、さまざまな声が寄せられていました。

ゲストからいただいた賛辞の中で、多く寄せられていたもののひとつが、落とし物や探し物に関する対応に関してでした。「キャストみんなが一緒に探してくれることがうれしかった」という声を、よくいただいていた印象があります。

その中でも私の記憶に残っているのは、「ダッフィーのぬいぐるみ探し」です。

東日本大震災の被災地から、ディズニーランドに来園された、とあるご家族がいました。小学生低学年くらいの女の子と、その母、そしておばあちゃんという三世代です。被災前、ディズニーシーに来園し、その際に女の子はダッフィーのぬいぐるみを買って帰りました。その後しばらくして、東日本大震災が起こりました。生活はさま変わりし、旅行に出かけるような機会もなかなかとれなかったそうです。女の子は、ダッフィーのぬいぐるみを見ては、いつかディズニーにもう一度行きたいと思っていたのです。

そのようなご家族が、被災後初めて、パークに来園されたのでした。折り悪くその日が混雑していたこともあり、女の子は大事にしていたダッフィーのぬいぐるみを失くしてしまいました。

キャストがそのご家族を見た時には、女の子は声を上げて泣き、お母さんは青ざめて、おばあちゃんはおろおろしている、という状況だったそうです。声をかけ、事情を理解したキャストは、まず落とし物のインフォメーションであるメインストリート・ハウスに、ご家族を案内しました。ちなみにディズニーではゲスト対応にもっとも重きをおいているので、こうしたケースで持ち場を離れてもとがめられません。

メインストリート・ハウスには、残念ながらダッフィーは届いていませんでした。そこでそのキャストは、当日にご家族が乗ったアトラクションをひとつひとつ一緒にまわり、その先々でダッフィーのぬいぐるみが落ちていなかったか確認をしました。行った先のアトラクションのキャストたちも、その場でアトラクション内部を探しまわりました。しかしそれでも、ダッフィーは見つかりませんでした。

その後、半ばあきらめの気持ちでご家族がメインストリート・ハウスに戻ると、なんと、つい少し前に、ダッフィーのぬいぐるみが届いたといいます。女の子がぬいぐるみを見てうなずいた瞬間、まわりのキャストはどっと沸きました。自然と拍手が起き、自分のことのようにみんな一緒に喜んだのでした。

このようなエピソードに対するゲストからの賞賛には、探し物が見つかったかどうかというよりも、「そこまでしてくれた」という驚きや感動が込められています。

これは仕事でも同じで、困っている人がいたら、とにかく最後まで親身になって付き合うことで、相手は感動し、賞賛の気持ちが芽生えます。

もし身のまわりに「ミスをしてしまった」「締め切りに間に合いそうにない」など、困っている様子の人がいたら、**誰よりも先に声をかけて**みてください。

そして、**困りごとが解決するまで寄り添い、相談に乗って**あげましょう。それを積み重ねていけば、あなたはきっと今以上にまわりの人から信頼され、愛されるようになるでしょう。

Magic Lesson

誰かが困っていたら、解決するまで付き合おう。

Magic 24

思いを込めた、
手紙をしたためる

相手の心に届く贈り物をしよう

あなたには、仕事を通じて得ることができた「宝物」はあるでしょうか。

私の場合、それは1通の手紙です。その手紙が、今でも自分を支えてくれます。


オリエンタルランドに入社して2年目に、私は商品開発部へと異動となりました。

そこは、目の前のゲストに最善を尽くすことが役割である仕事とは、まったく異なる世界でした。売上目標が設定され、今まで扱ったこともないような大きなお金が日々動き、仕入れや商品開発のため、社外のベテラン社員とも交渉が必要で、ヒット商品を生み出すプレッシャーにも常にさらされていました。毎日、悩み、あがきながら過ごしていた記憶があります。


そんな折に、私宛てに手紙が届きました。

以前私は、とある雑誌の記事でたまたま商品開発部の担当者として取り上げられたことがありました。それを目に留めてくれた人が、直接手紙をくれたのでした。

差し出し主は、18歳の少女。大学受験に失敗し、浪人して春から予備校に通っているとのことでした。

彼女は、将来の夢を見失ったことからスランプになり、精神的にダメージを受けた時期があり、それを見かねたお母さんが、ディズニーランドに誘ってくれたそうです。以下、手紙の一部を引用させていただきます。

「メインストリートのクリスマスツリーを見た時、私は思わず泣いてしまいました。どうして泣いているのか分からないでいると、ふと小さい子供がミッキーのくるくる回るライトを持って喜んで遊んでいる姿が目に入りました。

その時私は思い出しました。ミッキーが大好きで、ミッキーの傘を買うためだけにわざわざ家族でディズニーランドに行ったこと。おばあちゃんが編んでくれたミッキーのセーター、いつも持ち歩いていたぬいぐるみ……そしてそれらを今でも捨てることのできない私……。次の瞬間『これだ。私がやりたいのはこれ。みんなに喜んでもらえるようなグッズをつくる人になりたい』と確信しました。

夢があるので本当に毎日が楽しいです。先日、ディズニーシーに行き、ジュリエットミニーのミラーを買い、家族で泊まったホテルで自分の決意を宣言しました。

櫻井さんがつくった商品や読ませていただいた記事が私の心の支えです。この本だけは机の近くに置いています。受験勉強にテンションが下がってきた時、これを読むと『がんばるぞ』という気持ちになります」

この手紙を読み、初めて私は、**自らの仕事が人の役に立っている**ことをはっきりと感じました。そしてそのことが、私をとても勇気づけてくれました。

以来、壁に当たった時にはこの手紙を見返して、元気をもらっています。

あなたにも、仕事でお世話になった人や、感銘を受けた人が、いるのではないでしょうか。誰かに感謝の気持ちを伝える際には、自らの**思いを託した手紙**や、**過ごした時間を共有できるようなメッセージカード**を渡してみてはどうでしょう。

それは、相手にとっても思いがけない**人生のギフト**です。あなたとの絆をさらに強める、プライスレスな贈り物となるかもしれません。

Magic Lesson

〝気持ちは手紙で〟を癖にしよう。

Magic 25

「最近どうですか？」と話しかけてみる

心地よい関係は、
なんでもない雑談から生まれる

ウォルト・ディズニーの教えに、「ゲストを好きになりなさい」というものがあります。

それには「自分たちを好きになってもらうためには、まず相手のことを好きにならなければいけない」という意味が込められていると感じます。

これは、あらゆる対人関係に当てはまります。なぜなら人間というのは、自分を理解したうえで受け入れてくれる人を好きになるからです。つまり、誰からも好かれる存在になるためには、できるだけ多くの人のことを理解し、好きになろうとする姿勢を持つ必要があるといえます。

では、「相手のことを好きになる」ためにはどうすればいいでしょう。

まずは**相手の声に、耳を澄ます**ことです。

ディズニーには、徹底的にゲストの声を拾い上げる仕組みがあります。

ゲストの声が集まるところとしては、「インフォメーションセンター」「総合予約センター」「キャスト」などがあります。それらに寄せられた声をCS（顧客満足）を担当する部門などが集約したうえで、ゲストコメントをまとめたシートを作成します。

それを、ゲストの声の対象となった部門に配信して共有するとともに、全管理職でも事象を共有します。インフォメーションセンターに寄せられるゲストの声だけでも、年間で数万件にもおよびますが、それらをおざなりにせず、丁寧に拾っています。

さらに、ただ声を集めるだけではなく、それらに対し具体的なアクションを起こして、よりゲストに満足してもらうための環境づくりにも力を入れています。

たとえば、ディズニーランド内にあった20段ほどの階段は、付近にあるアトラクションの雰囲気に合わせ、少しカーブを施した「秘密通路」めいた階段だったのですが、ゲストから「夜見つからないし、登りづらい」という声が寄せられました。そこで、できるだけデザイン性は維持しつつも、階段の幅を広く、形状をストレートにして、両脇には手すりを設置。照明の数も増やして、明るさも確保しました。また、ディズニーシーにおいて、車イスのゲストからの「目線の高さに手すりがあってショーが見づらい」との指摘から、手すりを開閉できるものに改良。ショーの間は手すりを下げて、見られるようにしました。

こうして、ゲストの声に耳を澄ませ、**その思いにできる限り応える**ことにより、ゲストから愛される場所であろうと努力しています。

仕事において、人間関係に悩む人は多くいます。実際に、厚生労働省が2013年に行った「労働安全衛生に関する調査」では、仕事でのストレスの1位が「職場の人間関係の問題」となっています。

そして、人との関係が悪化する原因は、たいていがコミュニケーション不足です。相手の声に耳を傾け、理解したうえで行動すれば、相手に好かれることこそあれ、衝突するようなことは起きないはずです。

あなたも、まずは仲間のことを「好きになる」ため、その声に耳を澄ませてみてはどうでしょう。チームの誰とも、**1日1回は仕事以外の話をする機会**を持つように意識してみるといいと思います。そのように相手を知ろうとする行動が、自らが好かれるための第一歩になります。そして、仲間についてわかってきたら、相手が望むことやしてほしいことで、自分ができるものを叶えてあげましょう。それを繰り返すことで、あなたはどんどん、みんなから好かれる存在になっていきます。

Magic Lesson

チームの仲間に1日1回、仕事以外のことを聞いてみよう。

Magic 26

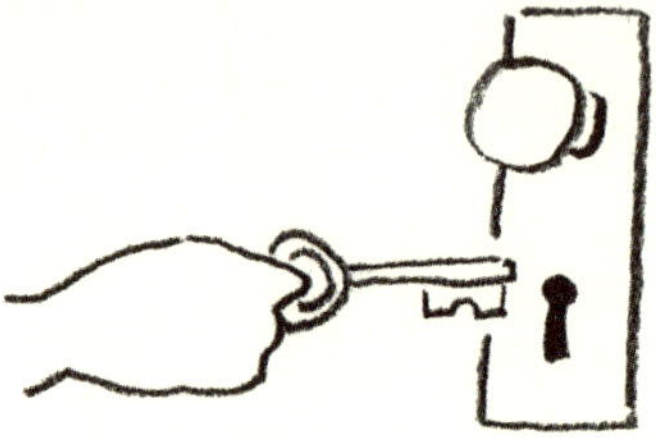

自分の意見を伝える
勇気を持つ

なにも言わないのは、愛情じゃない

最近、若い人たちと話をしていると、繊細で傷つきやすい性格の人が多いと感じます。まわりからはみ出すことを好まず、失敗して目立つことを怖がってしまうという傾向があるように思うのですが、それではなかなか成長していけません。

人は失敗から学ぶことによって、成長することができます。

ウォルトは言います。

「人生で経験したすべての逆境、トラブル、障害が、私を強くしてくれた。」（引用文献＊2）

彼の人生もまた、決して順風満帆ではありませんでした。版権トラブルに巻き込まれるなど、大きな失敗も数多く経験しています。しかしそれを糧に成長できたからこそ、今のディズニーの世界が存在するのです。

失敗から学ぶためには、まず周囲の言葉に、真摯に耳を傾けることが大切です。人の指摘やアドバイスによって、初めて自分の失敗に気づくことも多くあります。そこで「周囲の声を聞くのが怖い」と耳をふさいでしまっては、失敗に気づかず、結果的に周囲からの評価が下がったり、嫌われたりしてしまうかもしれません。

確かに、自らのミスや足りない部分を認めるのは、しんどいものです。しかし逆に考えると、足りないものがわかることで初めて、それを補うことができ、人として成長していけるのです。

まずは、**失敗をおそれない**勇気を持つこと。そして、失敗したらその原因を考え、同じことをしないための**対策を講じる**こと。その過程では、周囲の声に耳を傾け、**意見を謙虚に受け止める**こと。この3つを意識するのが、成長の鍵となります。

さらに、自分だけではなく、かかわった相手の成長もまた考えることができるようになると、誰からも信頼され、頼られる存在になることができます。

ディズニーという組織には、積極的にフィードバックを行う風土があります。現場のキャストたちも意見を言われることに慣れていて、もし朝礼などで仲間からの問題点の指摘がないと「本当に大丈夫なのか」と不安になるほどです。

職場でも、仲間の意見や行動に誤りがあれば、それは遠慮せずに指摘していかなければなりません。ただし、アドバイスするには、いくつかコツがあります。

まず、「のんびり屋を直すべき」「性格がずぼらだから」というような、相手の人格にかかわるような言葉を使ってはいけません。誰しもすぐに人格を変えることはできず、言われれば相手がただ心に傷を負うだけです。

なにかを指摘する際に、厳しい顔で問い詰めると、相手もむっとして、たとえその意見が正しくとも、耳を貸す気が失せてしまいます。できるだけ**穏やかな表情で、ゆったり語りかける**ようにするといいでしょう。

そして可能なら、問題点の指摘だけではなく「こうしてみたらどうでしょう」「こうやったらもっとよくなるかもしれません」と、**改善策まで提案**します。そこまでできると、周囲は次第にあなたの言葉に一目おくようになり、それが「仕事ができる」という評価にもつながっていきます。

Magic Lesson

やさしく、穏やかに、相手の望む方に向かってアドバイス。

Magic 27

言いたいことは、ほめてから伝える

耳を傾けるのは、
認めてくれる人の言葉

仕事のキャリアが3年を超えてくると、後輩ができて、教える立場になることも増えてくるのではないでしょうか。その際にはどうしても、後輩の行動が野暮ったく見えたり、「自分でやった方が早い」と感じてしまったりするものです。

しかしだからといって全部自分でやってしまっては、後輩は育たず、自らの仕事のキャパシティも広がってはいきません。


ディズニーでは、新人キャストに対してトレーナーがつき、新人教育を行っていますが、そのトレーナーとなるのは、現役で活躍するキャストです。いわば、先輩が後輩を教える形となっています。そして、このトレーナーを育成するための研修というものも存在し、私も人事部の一員としてその研修を担当していたことがありました。

そこで未来のトレーナーたちに伝えていたのは「自分のやり方がすべてだと思わないで」ということです。

ディズニーにはマニュアルがありませんから、どうしてもそれまでの自分のやり方を正解として教えることになりがちです。しかし、人のとらえ方や覚え方というのは本当にさまざまです。自らが当たり前と感じていることも、相手にとっては新鮮であったり、気づいていなかったりするということもしばしば起きます。

だからこそ、自分ではなく相手を基準に考え、その後輩に合わせたやり方を、一緒になって考えていくことが大切です。また「教えること」はトレーナー自身の成長にもつながるのです。


職場でも、後輩になにかを教える際に、まずは自分のやり方だけがすべてではないことを意識してほしいと思います。もちろん自らが最適と思う方法は言い添えておくべきですが、それを「正解」として押しつけないことです。

ノウハウを覚えてもらう時にも、相手がどうすればよりわかってくれるかを考えたうえで、その知識に合わせた言葉や動作で説明する必要があります。

なにかを指示する際には、「とにかくこうすればいいから」というオーダーではいけません。だから、なぜその仕事が必要なのかをきちんと説明し、納得したうえで取りかかってもらうことを心がけます。

後輩が失敗やミスをしたら、それを指摘して正しく導くことも必要です。その時に、いきなり叱ってしまうと、相手は心を閉ざしてしまいます。

ディズニーのトレーナーも実践している、相手に注意を聞いてもらえるコツは、「まずほめてから、言いたいことを伝える」ということです。

最初に、「いつもしっかり○○してくれてありがとう」「今日も○○ができていて、とてもよかったよ」などと、一度相手を肯定します。そしてその後「でも、さっきの○○はちょっとまずかったね」「いつものあなたらしくないやり方かも」というように、やわらかく伝えるのです。

さらに、「もし気分を害したら申し訳ないのだけれど」などと、今からネガティブなことを伝えるサインを出すと、相手も心の準備ができるとともに、伝える側の気遣いが伝わり、より指摘を受け入れやすくなります。

このように後輩に対して細やかな心くばりをしていくと、後輩から慕われ、信頼される「素敵な先輩」になることができるでしょう。

Magic Lesson

性格や覚え方は、人それぞれ。「よかった点」から伝えよう。

Magic 28

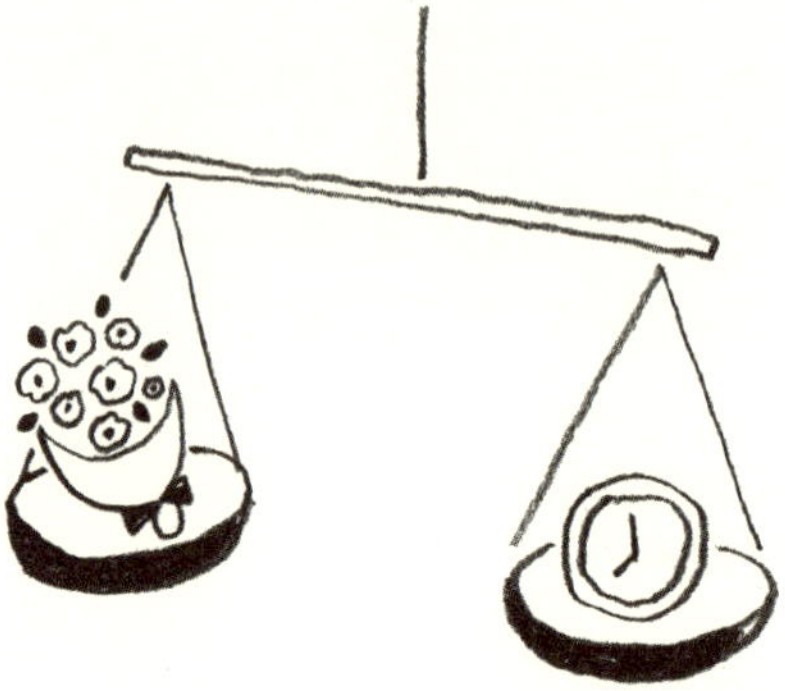

厳しいお願いをされたら、ひと呼吸おく

やる姿勢を示せば、
悪い印象は残さない

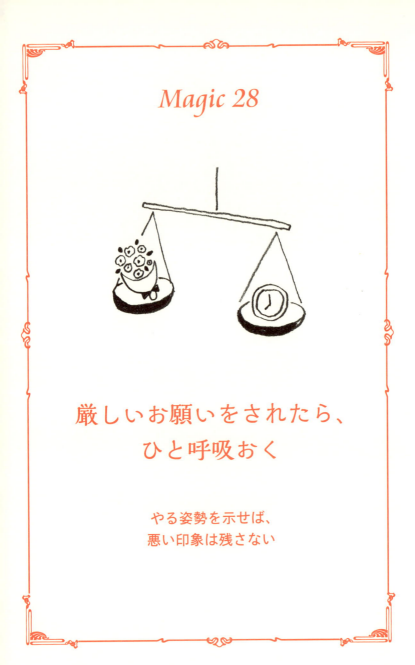

あなたは「断り下手」ではありませんか？

若い人たちの中には、自らの気持ちをはっきりと打ち出すことが苦手な人がたくさんいるように感じます。「空気を読む」「足並みを合わせる」という雰囲気で育ってきたゆとり世代には特に、「断り下手」が多いのかもしれません。

ただ、断り下手だと、不本意なことも断れずに受け入れてしまったり、無理な仕事も受けてしまったりして、結果的に自分が大変な思いをすることになってしまいます。気乗りしないことや、できないことは、やはりきちんと意思表示をする必要があります。

上司からの指示や同僚からの頼みごとであっても、物理的にどうしても無理である時は、断るしかありません。

しかしその際に「私は今、忙しいから無理です」と伝えるだけでは、いくらそれが事実であっても、どこか言い訳がましく聞こえてしまうものです。

「できない仕事は断るのが当然」というのは、あくまで自分の立場からの理屈です。それが正論かどうかは、実は相手にとっては問題ではありません。背景にある理由よりも「仕事を断られた」という事実のみが記憶に残りがちなので、結果的にどうしてもあなたの印象は下がってしまいます。また、プライベートの誘いでも、「疲れているから」「気乗りしないから」と断ってしまうと、誘った方としては「せっかく声をかけたのに」という思いばかりが残ります。

誰からも好感を持たれるためには、イメージダウンの機会はできるだけ少なくしたいもの。そのためにはやはり、心くばりが大切です。

ポイントは、断られた相手がどんな気持ちになるのかを想像したうえで、**代案を提示する**ことです。

ディズニーでは、ゲストからなにかを聞かれた時に、「できません」や「わかりません」という言葉は、NGワードになっています。その代わりに用いる言葉は**「確認いたします」「お調べいたします」**です。

ゲストが「困っている」という気持ちを想像し、なんとかそれに応えようとするのがホスピタリティの精神です。たとえ現在の自分ではどうしようもないことでも、他のキャストならなんとかできるかもしれないし、調べればわかる情報があるかもしれない。まずはその可能性を当たります。

それでもどうしても解決できなかった際も「わかりませんでした」とは言いません。どうして無理なのか、わからなかったのかを述べたうえで「その代わり、○○はどうでしょう」と代案を提示します。そこまですると、ゲストにマイナスの印象は残りません。

これは、仕事でもプライベートでも同じです。相手の頼みごとに対して、なんとかしたいという姿勢を示し、それでも無理であれば代案を提示することで、相手が受け取るイメージは格段によくなります。この際の代案は、「明後日までには用意できます」などと、できるだけ具体的に述べると、さらに仕事ができる印象となります。

そして結果的に断る際は「せっかくなのに申し訳ない」「行けなくて本当に残念」など、断られる側に対する心くばりが感じられる一言を入れると、さらに角の立たない断り方になります。

Magic Lesson

「○○なら可能です」と、代案を出そう。

Magic 29

大げさなくらい、身振り手振りをしてみる

印象を変えるのは、言葉以上に
表情、視線、声のトーン

ディズニーのアトラクション研修で、ユニークなものがありました。

とある、新人に向けた研修会のひとコマ。

新人たちには、アトラクションを説明するというミッションが与えられたのですが、その際にひとつの条件がつきました。それは、言葉は「にゃにゃ」としか口に出してはいけない、というものでした。

指名を受けた新人は、「にゃにゃ、にゃ、にゃー」と言いながら、必死にアトラクションについての説明を試みていました。はた目から見ると、思わず吹き出してしまうような光景でしたが、もちろんこの研修には目的がありました。

それは、言葉以外でのコミュニケーションの大切さを伝える、ということでした。

「にゃにゃ」しか発せない状況でも、身振り手振りを交えてなんとかしようとすると、意外に情報は伝わるものです。研修を受けていた新人たちは「それでも伝わった」という驚きから、言葉以外のコミュニケーションの重要性を知ったのです。

前述のメラビアンの法則でも、言葉そのものより視覚や聴覚の印象のほうが圧倒的に第一印象として残ることがわかっています。

そして、コミュニケーション上手といわれる人たちもまた、言葉以外でもコミュニケーションを図っており、それが相手にいい印象を残しています。誰からも好感を持たれるような人は必ず、言葉以外のさまざまな要素を使って、相手の心をつかんでいるのです。

これは心理学で「**非言語コミュニケーション**」といわれるものです。そして非言語コミュニケーションは、意識的に行うことができます。

視覚的な要素としてもっとも効果的といえるのは、視線と笑顔です。

視線を合わせることで、相手に対して真剣に向き合っている印象が出ます。逆になにか他のものを見たりしながら話していると、相手に「聞いていない」という印象を与えますから注意が必要です。また**笑顔は、それだけで親近感がわく、**最強の非言語コミュニケーションといえます。

聴覚的な要素で影響があるのが、**声のトーンや話し方のペース**です。

声のトーンは、真面目で真剣な場では少し低めにすると信頼感を与え、楽しい場やリラックスした場では高めにすると、好印象になります。話し方のペースは人によってさまざまで、早口な人もゆっくり話す人もいますが、基本的には相手のペースに合わせるようにすると会話がスムーズになります。

その他、ジェスチャーも大きな非言語コミュニケーションです。話を聞く時に**うなずいたり、**驚いた際に**目を見開いたり**するのも、ジェスチャーのひとつです。また、自分が話す時に**身振り手振り**を交えることで、さらにその内容が相手に伝わりやすくなります。

こうして並べて書くと、難しそうに感じるかもしれません。しかし非言語コミュニケーションというのは、今まで意識を払わなかったものをひとつ実践するだけでも、大きな効果が期待できます。個人的には「やらなければ損」と思うほどです。さっそく明日から、自分が簡単にできそうなものを職場で試してみてはどうでしょうか。

Magic Lesson

感情を心にとどめず、ちゃんと態度で表そう。

Magic 30

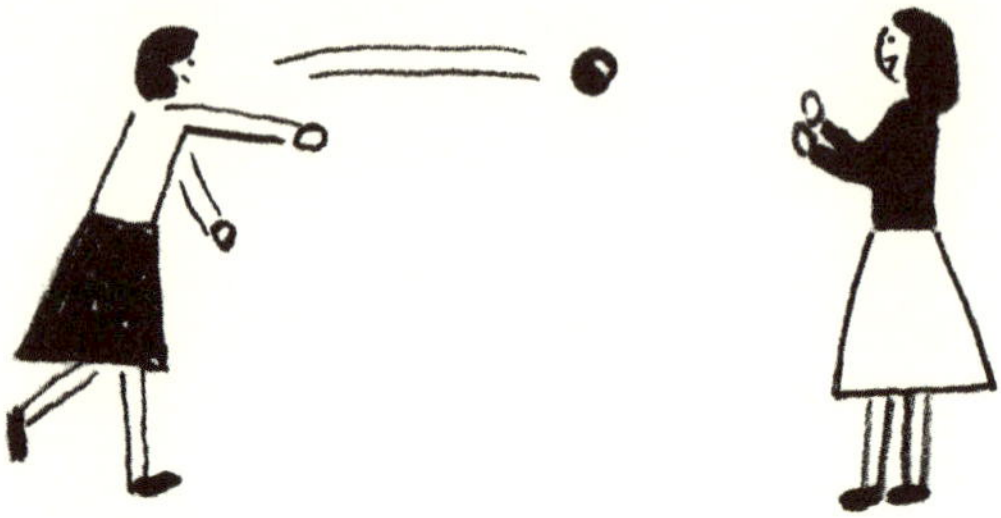

キャッチボールできる
あいさつをする

「開く質問」を投げかければ、
自然と会話が弾む

あなたは職場で、上司や同僚にどのように声をかけていますか。

あいさつをするのは、社会人として当然のマナーといえますが、その声かけひとつでも、印象をがらりと変えることができます。


ディズニーのキャストも、あいさつを工夫しています。

ゲストに対しては、「いらっしゃいませ」とは言わず、「こんにちは」「こんばんは」とあいさつします。


その理由は、自分の身に置き換えて考えてみるとわかるはずです。

あなたがどこかのお店に行った際「いらっしゃいませ」と声をかけられた時、なにか返事をしているでしょうか。「いらっしゃいました」とは言いませんし、無言でうなずく程度のリアクションで返す人が多いと思います。

では、「こんにちは」はどうでしょう。きっとあなたも相手に対して「こんにちは」と返すと思います。つまり、「こんにちは」「こんばんは」という声かけは、相手からもリアクションが得やすい、いわば**2WAY（キャッチボールになる）**のあいさつであり、その後のコミュニケーションもとりやすくなるのです。

ディズニーのキャストを見ていると、優秀な人ほど、コミュニケーションが続く言葉がけをしていることがわかります。

たとえば、アトラクションなどで眠ってしまったゲストがいた際、「ショーは終了いたしました。起きてください」とは言いません。それだと「はい、わかりました」で終わってしまうからです。

そこでは、「ショーは終了いたしましたが、ご気分はいかがですか？　お疲れのようですね」と声かけをします。そうするとゲストも「ああ、すみません。地方から朝早く出てきたので、疲れて眠ってしまったようです」と、投げかけられた言葉に対して自然に返答します。それを受けたキャストも「それはよかったです。どちらからお越しになったのですか」……というように、会話が弾みます。

こうしてキャストたちは、ゲストとのコミュニケーションを深めているのです。

日常でも、より「話していて楽しい人」になるためには、会話が２ＷＡＹ以上になることが期待できるような質問をすることが大切です。

原則として「５Ｗ１Ｈ」（いつ／どこ／誰／なに／なぜ／どうやって）を交えて質

問をすると、相手が自由に答えられる分、会話が続きやすくなります。このような質問を「オープン・クエスチョン」といいます。反対に、聞いたことに対する答えが「はい・いいえ」などのようにひとつしかない質問を「クローズド・クエスチョン」といいます。

仕事中の業務連絡などは、クローズド・クエスチョンで端的に情報をやりとりすることが基本ですが、それ以外のコミュニケーションにおいては、できるだけオープン・クエスチョンを使うのがおすすめです。

たとえば「おはようございます」と朝のあいさつを交わしたあとに、「素敵なシャツですね、どこのブランドですか」「昨日は残業でしたか?」など、オープン・クエスチョンをひとつつけ加えることで、コミュニケーションが発生します。そうしてコミュニケーションの輪を自然に広げていくことができれば、あなたの印象はどんどんよくなっていくはずです。

Magic Lesson

いつでも相手にマイクを向けて質問してみよう。

Magic 31

アドバイスは素直に聞く

意見や苦言は期待の表れ

会社では、有能な人ほど上下関係にうるさくないものです。

反対に、上司には腰を低くしてその顔色をうかがい、部下には上から目線で厳しく当たるというような人は、誰からも好意を持ってはもらえません。

そういった人が存在するのはどうにもならないとしても、あなたが「そうならない」という意識を持っておくことは大切です。敬語や敬意といった礼儀の範疇での上下関係はさておき、組織として同じ目標を目指している中で、「どちらが偉い」ということを強調するのは無意味なことなのです。

ディズニーの新人キャストに対するトレーニングも、できるだけ上下関係が生まれないように考えられています。

新人キャストの教育は、先輩キャストが担当します。

トレーナーとして教える立場になると、人によっては「自分のほうが偉い」と錯覚しがちですが、結局は同じ業務を担当するのですから、本来そこに区別はありません。

ですから私が人事部に所属していた当時はトレーナーに対して、「私のやり方はこう、ではなく、私たちの業務はこう、という言い方をしてください」というように、新人キャストに上下関係を意識させないよう心がけてもらっていました。また、トレーナーだからといって教えるだけではなく、新人キャストの疑問をフィードバックして自らも考えることを推奨していました。

そうする中で見えてきたのは、やはりできるキャストほど、新人キャストのフィードバックに対して謙虚であるということでした。

また、最近では60歳を超えた社会経験のあるシニアのキャストも増えてきました。ゲストも多様化している中で、シニアのキャストに活躍してもらうのはとてもよいことだと思います。

ただ、社会人経験が豊富であるがゆえ、若いキャストや年下の上司からのアドバイスを時に無視してしまうようなキャストもいました。そしてそういう人材は、残念ながら仕事をやり切れず、長続きしませんでした。シニアのキャストにおいても、謙虚さが成長のひとつの鍵になっているのです。

人の声を素直に受け入れられる人は、成長スピードが早いものです。

上司であれ、同僚であれ、なにかを教えてくれようとしているなら、それはあなたに期待している表れです。時には叱られたり、きつく当たられたりすることもあるでしょうが、それに対して反抗的にならず、「自分に足りない部分があるからだ」と謙虚に受け止めることが大切です。

そしてそこでさらに「叱ってもらえてありがたい」「思い切って言ってくれてうれしい」と考えることができるなら、あなたはアドバイスを吸収し、どんどん成長していける人材であるといえます。

また、叱られた際の態度には、自らの気持ちが表れるもの。つい感情的に反論したり反抗的な態度をとったりしたなら、相手も「この人には、労力を使ってアドバイスしても無駄だ」と考え、二度と有益なアドバイスをしてくれることはないでしょう。

どんな状況であっても、怒ったり反抗的な態度をとったりすることは、マイナスイメージしか生みません。自分の非を指摘されたら、相手の立場や役職にかかわらず**謙虚な気持ちで一度耳を傾け、**その後冷静に内容を判断する意識を持ちましょう。

Magic Lesson

教えてもらえることに感謝。まずはすべて受け止めよう。

Magic 32

大事なことは、
顔を合わせて話す

何通ものメールより、
一度会った方がまっすぐ伝わる

ディズニーでは、とにかく「会って話す」ことを重視しています。

テーマパークですから、もちろんゲストとキャストは「フェイスtoフェイス」です。それだけではなく、管理職とキャストという関係でも「フェイスtoフェイス」を大切にしています。

本国ディズニーでも、
・組織の隅々まで研究し、訪問する
・ほぼすべての部門長と会って、その専門分野とリーダーシップスタイルについて話し合う機会を与えること
を人材育成の考え方としており、あらゆる人と顔を合わせて話す機会を得ることができるようになっています。また、現場の上司たちも、アルバイトのキャストひとりひとりとこまめに面談し、そのキャストのサービスのよい点や改善点を話し合っています。

さらに、声のみで勝負しているコールセンターのキャストも、常に「フェイスtoフェイス」を意識しています。

コールセンターという役割上、ゲストの顔を見ることはできず、声だけでおもてなしの心を伝えなければなりません。そのために必要なのは、話しているゲストの表情や気持ちを想像し、さもゲストがそこにいるかのように会話をすることです。

ちなみにコールセンターのキャストたちは、トレーニングとして絵本の読み聞かせなどを行い、声に気持ちを乗せてゲストに届ける力を磨いています。

このように「フェイスｔｏフェイス」を大切にしている理由は、伝わる情報量や、受け取る際の理解度がまったく変わってくるからです。

人のコミュニケーションというのは、言葉だけで成り立っているわけではありません。むしろ、顔の表情やジェスチャー、声のトーンなどから得る情報のほうが圧倒的に多いことは、科学的にも示されています。

確かに仕事において「わざわざ顔を合わさずとも、必要な情報さえやりとりできればいい」という状況はあるでしょう。その場合、メールを活用したほうが時間の短縮になります。ただし、それはあくまで業務連絡レベルにおいてです。メールというのは、あくまでコミュニケーションの「わき役」にすぎません。

なにかを理解してもらう必要があったり、自らがよく知りたいことがあったりする場合は、顔を合わせて話すことできちんと意思の疎通ができ、一度にたくさんのことがわかります。

「メールを何十通もやりとりしたのにまだ誤解があった」というようなケースをよく聞きますが、それなら**一度会って話したほうが**、はるかに効率的なのです。

心くばりの面でいっても、メールだけでの「魔法」はハードルが高いです。いくら感動的な言葉を駆使しようとしても、ひとつの笑顔が与える好感の足元にもおよばないのです。

お願いごと、お詫び、久しぶりの連絡、誤解があっては困ること……これらには、できる限り「フェイスtoフェイス」で対応してほしいと思います。会えない事情がある時でも、メールですまさず電話で話すようにしましょう。

Magic Lesson

言葉を選ぶ前に、足を運ぶ。

Magic 33

仲間にも照れずに、やさしく接する

裏表のない人に、信頼は集まる

ディズニーでは、ゲストだけではなく一緒に働く**仲間に対しても、自然と気遣い**のできるキャストが多くいます。

個人的にも、それを実感したエピソードがあります。

ある日私は、自分が担当する研修が間近に迫り、焦っていました。

グッズや資料をたくさん抱え、次の研修場所に向かってバックステージを猛ダッシュ。そして、階段を登ろうとした時に、足を滑らせ、派手に転倒してしまいました。資料やグッズは周囲に散乱。おまけに靴まで脱げ、階段の下まで落ちていきました。人通りのある場所だったので、もう顔から火が出るほど恥ずかしく、とりあえず資料を拾おうとした時でした。

通りかかったひとりの男性キャストが、持ち物を拾うのを手伝ってくれました。そして全部拾い終えると、階段の下にあったハイヒールの靴も取ってきてくれました。

彼はその靴をひざまずいて私に差し出すと、こう言いました。

「ガラスの靴です、シンデレラ」

ちょっと茶化したような彼の言葉に、私も周囲にいた人も自然に笑顔になりました。

彼がピエロになってくれたことで、恥ずかしさも消えました。

これはゲストがいる場の話ではありません。社内の人間しかいない環境でも、このようなことを行える人たちがたくさんいるのです。

パークという表舞台でゲストを喜ばせることができるのは、裏表関係なく、あらゆるところで自然にそれを実践できる人なんだな、と改めて感じた一幕でした。こうして常に相手を気遣い、その気持ちに寄り添うことができる人こそが、ディズニーとしての「おもてなし」を支えているのです。


「おもてなし」という言葉は、表がない、つまり**裏表のない心**で人を迎えるというところからきているともいわれています。ディズニーで重視されているのも、この「裏表のない」おもてなしであり、それが多くのファンに愛される理由のひとつになっていると私は考えています。

これは対人関係にもそのまま当てはまることです。職場でも、誰にでも裏表なく明るく接し、仲間を大切にする人は、周囲から信頼され、多くの人に愛されます。

表と裏というのは、自分の利益ばかりを中心に考え、損得勘定で行動することから生まれます。たとえば誰かがミスをした時に、「これでその人の評価が落ちるから自分の立場が上がる」などと考えるのは、裏表のある人のすることです。相手がその時どんな気持ちかを想像し、常に相手の気持ちに寄り添うことで、誰に対しても裏表なく手を差し伸べられる存在でいられるようになります。職場では**「相手が自分だったら、どうしてほしいか」**を指針として行動するといいでしょう。

とはいえ最初から、相手の気持ちに寄り添うのはハードルが高いと感じる人がいるかもしれません。その場合、まずは**「自分がしてほしくないことを相手にしない」**ことから始めましょう。

具体的にいえば、うそをつかないこと、悪口をいわないこと。横柄に当たらないこと、などです。まずはそれらを徹底して実践してみましょう。

Magic Lesson

自分にも他人にも、うそをつかない。

Magic 34

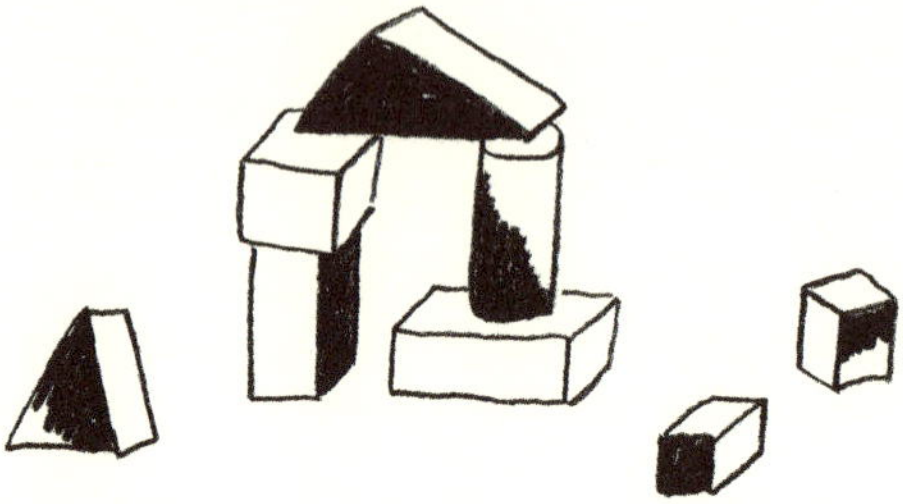

苦手な人を、あえて頼ってみる

苦手な人を克服すれば成長できる

あなたは、苦手に感じてしまう人はいるでしょうか。

胸を張っていないと答えられる人は、きっと少ないように思います。

仕事の悩みのほとんどは、人間関係を発端として起こります。価値観の違う人々が机を並べ、毎日長い時間をともにするのですから、問題が起きるのもある意味当然です。

プライベートであれば、自分と合わない人と無理をして会う必要はありません。しかし仕事ではそうはいかず、そんな人に限ってチームを組まされたり、一緒に動くことを指示されたりもするでしょう。

ただ、だからといって、苦手に感じる人が出現するたびに、その現実から逃げて、職場や仕事を変えていては、キャリアを積むことはできません。いくら環境を変えたところで、結局はその先にまた自分と合わない人は必ずいますし、逃げて解決できるようなことではないのです。

本来仕事というのは、「自分と価値観が合う人と出会うことはほぼない」という前提のもと、そのうえでいかに円滑に進めるかを考えるべきです。

ディズニーの中で、もっとも個性的なキャストといえば、ショーやパレードのダンサーたちを思い浮かべるかもしれません。

「よりよく表現したい」と思っているダンサーは多く、意見のぶつかり合いもおきますが、それを乗り越えた結果、お互いの才能を生かし合うような素晴らしいショーが生まれています。これはまさに、意見の違いを前提としたうえで優れたものをつくり上げようとする試みに他なりません。

なぜそのようなことが可能かといえば、ダンサーたちは、お互いをライバルと認め、同じ「踊り手」として尊敬しているからではないかと思います。自分とタイプの違う相手であっても、自分にない動きや表現ができるなら、そこに敬意を払うのです。

もちろん私にも、自分と合わないと感じる人はいました。しかしダンサーたちのあり方に気づいてからは、相手のいいところに目を向けるように意識しました。

言い方が厳しいと感じる人でも、企画能力が高かったり、プレゼンテーションが上手だったりと、なにかしら学ぶことがあるものです。それに対しては敬意を払い、そこに注目していくようにしました。それだけで、今まではあいさつをするのも嫌だった人に対しても、社会人としての礼を尽くすことができるようになりました。

自分と違うタイプの人に出会ったら、無理に相手を変えようとしてはいけません。たとえ正論で立ち向かい非を認めさせたところで、相手の心の内には必ずしこりが残ります。その結果、陰で悪口を言われたり、今後の仕事がしにくくなったりと、自分にとってマイナスにしかならないのです。

では、どうすればいいのかといえば、懐柔策を取るのがベストです。合わないと感じる人にこそ、**意識して笑顔で対応し、相手のいいところを認めて**あげましょう。時に賞賛し、**相談ごとがあれば持ちかけて**みてください。誰だって、頼られればうれしいものです。そうして相手の側の壁を下げる努力をすることで、自らの苦手意識もまた薄れてきます。もし意見がぶつかったとしても、周囲の人々は、普段から礼を尽くして笑顔で接しているあなたの味方となってくれるでしょう。

Magic Lesson

苦手な人のいいところを見つけて、
誰かに伝えてみよう。

Magic 35

お礼は、
4回に分けて伝える

しつこいくらいで、
やっと記憶に残る

オリエンタルランドに勤めていた時代は、とにかく職場での食事の機会が多かったように思います。特に上司たちがことあるごとに誘ってくれ、その席で仕事上のさまざまなことを教えてもらいました。

本国アメリカでも、上下関係を取り払っての食事会が頻繁に開かれているといいますから、これはディズニーとしての文化なのかもしれません。

このように、立場が上の人からのお誘いが多かったことから、それに対してお礼を言う機会もまた非常にたくさんありました。

実はこの「お礼の仕方」も、職場で愛される存在になるための重要なポイントのひとつです。

ここで、あなた自身について、一度振り返ってみてほしいと思います。立場が上の人から食事をごちそうしていただいた時、どのようにしてお礼をしているでしょうか。

まず、帰り際に「ごちそうさまでした、ありがとうございました」と感謝の意を直接伝えるのは、社会人であれば当然といえます。また、その後に「昨日はごちそうさまでした」と感謝のメールを送ることも、常識の範疇かと思います。

それ以外に、なにかやっていることはあるでしょうか。

多くの人が、「その場のあいさつ」と「メール1通」で、お礼を終わりにしてしまっていると感じます。

お礼の仕方として理想的なのは、「4回、お礼をする」ことです。

その場でのお礼はもちろん、メールなどでのお礼は翌朝いちばんに行います。

そして、その1週間後くらいにも「先日はありがとうございました」というように、お礼をします。この際には、料理に関しても触れるようにするといいでしょう。たとえば、「○○の料理がとてもおいしかったので、週末に両親を連れて行こうと予約を入れました」といった具合です。

そして最後は、1か月後です。この際には、食事で話題となったことや、すすめられたことのひとつを実行に移したうえで「○○さんに教えてもらったランニングの本を読んで、走り始めました」というようにレポートを加えると、教えた方もよりうれしく感じるはずです。

なにもそこまでしなくても、と思う方もいるかもしれません。

しかし、相手の目線で考えてみてください。立場のある人というのは、あなた以外にもたくさんの部下に食事をごちそうしています。お礼を言われることにも慣れていて、一度のメールやあいさつなどはあって当たり前のものとして、記憶には残りません。

だからこそ、徹底して礼を尽くして初めて相手にその気持ちが届き、喜んでいただくことができるのです。

現在高い役職にいる人は、メール文化で育っていない人も多くいます。

メールのやりとりが常態化している現代だからこそ、そこで手紙をもらうと、特にうれしく感じます。できれば一度は、**直筆の手紙を贈る**ことをおすすめします。

また、年賀状や暑中見舞いには、必ず直筆で**メッセージを書き添える**ようにすると、ぬくもりのあるコミュニケーションができます。

Magic Lesson

うれしい気持ちは、何度でも伝えて。一度は直筆の手紙を書こう。

「カチューシャ」はこうして誕生した

「アイデアは好奇心から生まれる。」
（ウォルト・ディズニー／引用文献*3）

私が商品開発部で手がけた商品でもっともヒットしたもののひとつが、「ファンカチューシャ」です。
今では、ミッキーの帽子やミニーのリボンがついたカチューチャは定番商品となっていると思いますが、当時はカチューシャといえば「子どものもの」というイメージであり、大人用のものはありませんでした。

その固定観念を外したことがヒットにつながったのですが、その発想にいたるには、やはりそれなりの努力が必要でした。
私は四六時中、商品について考えていました。パーク内のゲストの観察はもちろん、休日でも街を歩く人の服、カバン、アクセサリー、会話など、今なにが流行っているのかアンテナを張り、毎日ヒットの種を探し続けていました。

商品に対しては、「ただの商品をつくるのではない。ゲストの思い出をつくる」ということを大切にしていました。
そしてゲストがその商品をどんなふうに使い、そこでどんな会話をしながら、どんな記念写真を撮るかまで、ありありと想像しながら、商品をつくり込んでいったのです。

それらの積み重ねの中で、「誰もが童心に返る“夢の国”だからこそ、カチューシャを大人向けにしたらどうだろう」という着想を得ることができたのでした。

CHAPTER 3

「いてくれて、よかった」と喜ばれる立ち振る舞い

《行動編》

The behavior

Magic 36

30分早く出勤して、1か所きれいにする

朝の掃除は、心を整えてくれる

清掃を担当しているカストーディアルキャストのエピソードは、本などで取り上げられることもあるため、知っている方も多いかもしれません。

カストーディアルは、ゲストに対してさまざまな「おもてなし」を行います。ゲストに「なにをしているの？」と聞かれた際に、「夢のかけらを集めています」などと「夢の国」らしい答えを返してくれます。

中には一芸を披露してくれるカストーディアルもいて、前述した水たまりの水で絵を描くパフォーマンスやパントマイムなど、その芸はいずれも本格派で見ていて飽きません。

なぜ、清掃担当のキャストがこのようなことを行っているのかといえば、本国アメリカのディズニーで初代カストーディアルマネージャーを努めたチャック・ボヤージンの教えに、その理由が表れています。

彼は、「パークすべてが舞台であり、カストーディアルも舞台をつくるためのエンターテイナー」であると考えたのです。

こうした思いから、一芸に秀でたカストーディアルがたくさん誕生していますが、ディズニーとしては、彼らに特別なパフォーマンス講習を行ったりはしていません。

すべては、カストーディアルたちが自主的に行っていることです。

こうして掃除までエンターテインメントにすることで、カストーディアルたちは、自らの役を、誇りを持って演じることができています。

掃除が苦手で、忙しくしているとつい後回しになってしまうという方も多いのではないでしょうか。

そうした人に特におすすめなのが、掃除すること自体をタスクとせずに、別の目的をつくることです。たとえば、「心を浄化し、無心になる」ということを目的にするのはどうでしょう。

実は私が商品開発部に配属されたばかりの頃、右も左もわからず、ヒット商品をどうつくればいいのかに、ずっと頭を悩ませていた時期がありました。職場の中でも、あきらかに自分が戦力外であることを感じていて、早くなんとかしなければ、と焦っていました。

そんな状況で私が行ったのが、給湯室の掃除です。朝は30分早く出社し、共有スペースである給湯室をきれいにしてから、メールチェックをして、始業時間を迎えるようにしました。もともとは、仕事で役に立てないならせめて掃除くらい、と思って始めたのですが、これがとても性に合っていたようです。

掃除をしている最中は、無心になれました。水垢が落ち、シンクがピカピカ輝くのを見ると、自分の心も新しくなったような感覚があり、とても気分がよくなりました。

また、自分ではなく他人のために、無私の心で掃除をするたびに、私の心も浄化されていったのではないかと思います。いつのまにか焦りは消え、穏やかな気持ちで始業できるようになりました。

そして結果的に、掃除を始めてさほど経たず、ヒット商品に恵まれたのでした。

もしあなたが行き詰まりを感じた時には、**30分早く出社して、共有スペースの掃除**をしてみてください。心が浄化され、頭がクリアになることで、思わぬ打開策が見えてくるかもしれません。

Magic Lesson

みんなで使うところを、ピカピカにしてみよう。

Magic 37

週に１回は、
初めてのことをする

小さなチャレンジの繰り返しが、
大きなチャレンジの勇気になる

「僕たちは前進を続け、新しい扉を開き、新たなことを成し遂げていく。なぜなら、好奇心が旺盛だからだ。好奇心があれば、いつだって新たな道に導かれるんだ。」（引用文献＊4）

ウォルト・ディズニーが残した言葉の中でも、私がもっとも好きな言葉です。

とても前向きで、人生に対する意欲に満ちていると感じます。

会社に勤務していると、1日の時間の多くを職場で過ごします。人生のスパンで考えても、仕事をしている時間の割合は決して小さくありません。仕事に対して意欲的に取り組み、楽しむことができれば、その分だけ自分の人生の時間も充実します。

自分のキャリアや仕事の仕方を考えるうえで参考になるのが、「職業人生のVSOPモデル」です。自らの年代ごとに、仕事におけるあり方を示した英単語の頭文字をとって、その名がついています。

20代：「バイタリティ」（Vitality＝活力）の時代

若さゆえ、まだまだ満足な仕事はできませんが、それを補ってあまりある体力があり、失敗を取り返すための時間もあります。与えられた仕事を、とにかくえり好みせずにこなしていくことで初めて、自分にはどんな職種が向いているのかというようなこともわかってきます。

30代：「スペシャリティ」（Speciality＝専門性）の時代

20代のうちに積んだいろいろな経験の中から、自分が得意であることを選び、磨きあげていく時期です。「これなら誰にも負けない」と思えるほどにまで、高いレベルの専門性を持つことが望ましいです。

その後、40代は、リーダーシップを高め、自分ならではの仕事を展開する「オリジナリティ」（Originality＝独自性）の時代。そして50代は、部下や組織を束ねるための、人としての力が問われる「パーソナリティ」（Personality＝人間力）の時代とされています。

ここで注目すべきは、20代での「経験」の積み上げが、自らがもっとも得意なことと出合う可能性を高め、その後のキャリアにも幅を持たせるための重要な基礎となっていることです。なお、このモデルでは20代と区切ってありますが、個人的には30代でもまだまだ経験を積み上げることが大切であると考えています。

20代、30代のうちに、ウォルトのいうところの「新しい扉を開け続け、新しいことを成し遂げる」ことを、どれだけ意識的に積み上げたかで、その後の人生が大きく変わっていきます。

新しいことを始めたり、自分の知らない世界に飛び込んだりするのは、労力がいりますし、失敗するのが怖いかもしれません。しかしそれらをはねのけ、勇気を持って新しいことにチャレンジしていくことで、可能性を大きく広げることができるのです。

まずは**週に1回、「初めて」のことにチャレンジ**してみてはどうでしょう。先輩に新たな提案をしたり、今までのやり方を変えてみたりといった、身のまわりのことでもかまいません。そうしてチャレンジし続ける姿勢を身につけることができれば、きっと仕事にやりがいが生まれ、結果的にあなたの人生の時間を豊かにしてくれます。

Magic Lesson

気になる習いごとを、ひとつやってみよう。

Magic 38

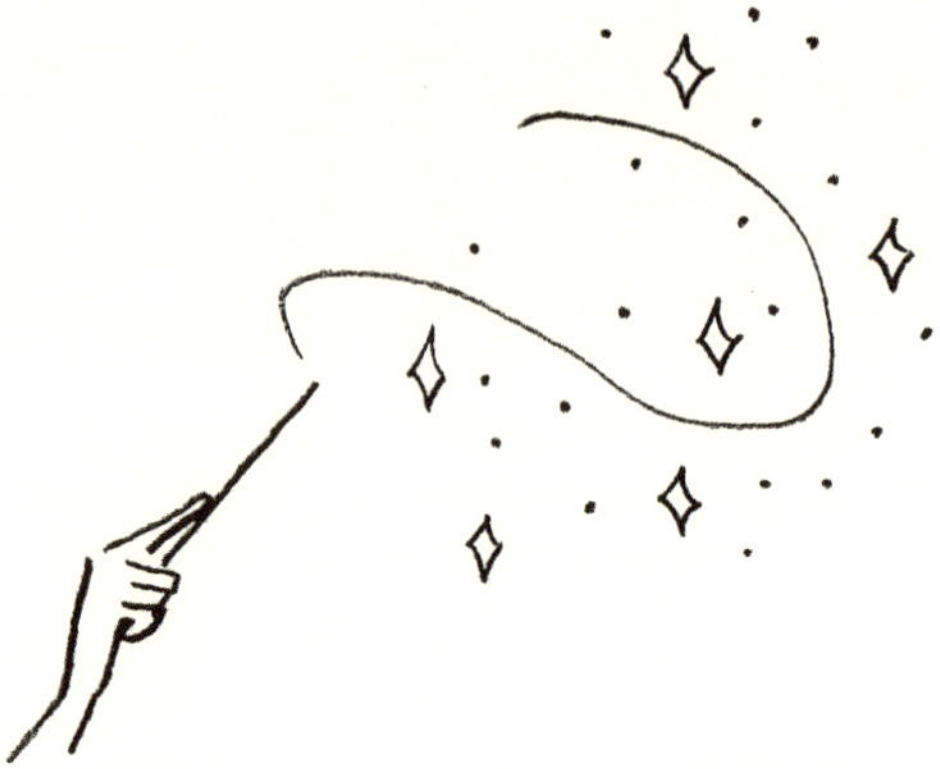

ピンチの時は、「小さな魔法」をかける

相手の心をつかむ行動が、
その場の空気を変える

たくさんの人に愛されているディズニーですが、その人気ゆえに解決の難しい問題があります。

それは、「待ち時間」です。大型連休などには特に、パークはたくさんのゲストであふれ、どうしても順番待ちの行列ができてしまいます。現在はファストパスなどでずいぶん解消されてはきましたが、それでもまだ「混んでいる」という印象を持っている人は多いかもしれません。

人は密集度が高くなるとストレスを感じます。ディズニーでも、待ち時間の長さが引き金となり、ゲスト同士の雰囲気が悪くなることがまれにあります。

ある時、ディズニーランドのカメラセンターに長い行列ができていました。

並んでいるゲストたちは、待つことに疲れ、殺伐とした雰囲気でした。そこで、順番を巡るちょっとしたいざこざから、ゲスト同士が声を荒げて言い合いをするという事態が起きてしまいました。

そして近くにいた子どもが、その空気に飲まれて、泣き出してしまったのです。

するとひとりのキャストがさっと子どもに駆け寄って、自らの胸にあった、ミッキーのフィギュアがついたボールペンを取り出し、子どもの前に持っていきました。

「ごめんね、怖かったね。でも、泣かないで。僕と一緒に笑おう！」

ミッキーの声マネで、キャストはそう言いました。キャスト自身も、にっこりとした笑顔です。つられて子どもも少し微笑み、小さくうなずいたのでした。

それを見ていた周囲の大人たちにもほっとした空気が流れ、声を荒げていた人も、ばつが悪そうに黙り込みました。


ウォルトの兄であるロイ・ディズニーの教えに、**「思いやりを示してほしければ、相手の心や気持ちをつかむことが大切」**というものがあります。キャストがとっさの機転により、怖がって泣いている子どもの心をつかみ、その気持ちを周囲に理解させたことで、大人たちは普段の思いやりの心を取り戻したといえます。

どんな職場でも、空気が悪くなることはあります。重大なクレームが入った……。取引が上手くいかなかった……。仕事である以上、シリアスな場面というのは必ず訪れるものであり、職場のムードが張り詰めることもあるでしょう。

心くばりのできる人は、そんな時こそ、ユーモアを忘れません。機転を利かせて場を和ませ、仲間たちの気持ちを落ち着かせて、笑顔すら引き出します。

とはいえ、最初から機転を利かせて行動することは難しいかもしれません。まずは、思いやりを示すことから始めてみましょう。

たとえば、外回りから戻った先輩に「寒い中、お疲れさまです」などと相手の立場に立った一言を添えたり、疲れた様子の同僚にお茶やコーヒーを淹れたりなど、**相手の状況を察したうえで、思いやりを示す**のです。

直接的な行動でなくとも、小さな思いやりで相手を和ませることはできます。付箋で伝言を残す際に、仕事がらみのメッセージとは別に、イラストを描き添えたり、思わず癒やされるユニークなイラストのハンコを押したりしてはどうでしょう。付箋そのものも、かわいい柄のものがたくさん出ています。それを使うだけでも、相手の笑顔を引き出せるかもしれません。

Magic Lesson

メモには感謝の一言やイラストを添えて。

Magic 39

先のことで、悩まない

キャリアのほとんどは、
予測できないもの

女性のキャリアに関して、次のような悩みを耳にすることがあります。
「仕事をがんばりすぎると、恋愛運が下がる気がします」
「結婚して子どももほしいから、出世したくないんです」

こうした悩みを持つのは、自分自身で未来や運命を決めつけてしまう人です。しかし私の経験上、そういうタイプの人ほど、結婚を考えられるような相手がいなかったり、恋愛をしていなかったりと、「起きていないことについて悩み、行動できなくなっている」傾向があります。

そもそも自分の未来というのは、思い通りになるものではありません。
たとえば「運命の出会い」は突然訪れるものですからコントロールはできませんし、出産も望んだ通りに必ずできるものではありません。人生とは、いわば偶然の積み重ねによって成り立っていくものであり、起きてもいないことをもとに心配しても、意味がないのです。

キャリアについても、自分が思うようにコントロールしていくのは極めて難しいことです。会社は、いつもやりたい仕事を用意してくれるわけではないでしょう。キャリアアップも、自分の望むタイミングではなく、会社にとって必要なタイミングで提示されます。

そうしたコントロールが難しい「偶発性」を受け入れたうえで、前向きにキャリアをつくっていこうという発想があります。キャリア理論で「計画された偶発性理論」といわれるものです。

スタンフォード大学のクランボルツ教授は、「個人のキャリアの8割は予想しない偶発的なことによって決定される」と提唱し、その偶然を計画的に設計して自分のキャリアをよいものにしていくべきであると述べています。「偶然を計画的に設計」というのはいかにも難しそうですが、そのための指針として、クランボルツ教授は次の5つを挙げています。

①好奇心：たえず新しい学習の機会を模索し続けること
②持続性：失敗に屈せず、努力し続けること
③楽観性：新しい機会は必ず実現する、可能になるとポジティブに考えること

④柔軟性：こだわりを捨て、信念、概念、態度、行動を変えること
⑤冒険心：結果が不確実でも、リスクを取って行動を起こすこと

実はこの指針は、ディズニーの優れたキャストたちが持っている姿勢と共通しています。いかなる状況でも高いホスピタリティを発揮するには、いわば「偶然起きたこと」をポジティブに変える力が必要です。「5つの指針」は、その力を養うのにうってつけの内容となっています。

もし希望と違う部署や職種になったり、理想と違う現実が訪れたりしても、「5つの指針」の実践でそれをポジティブな経験に変換することが大切です。

こうして偶然起きたことを最大限に生かせる能力は、大きな武器となります。どんな仕事においても、「偶然のキャリア」を自分のものとし、運命を自ら手繰り寄せることができる人が、活躍し続けられるのです。

Magic Lesson

偶然起こった目の前のことに、全力で取り組もう。

Magic 40

デスクを完璧に
磨きあげる

清潔なデスクに、
職場の仲間は癒やされる

前述の通り、ディズニーでは、**「世界一安全で清潔な場所」**を目指し、徹底した清掃が行われています。

オープン中も、通路は15分おき、トイレは45分おきに巡回し、清潔度をチェック。閉園後はナイトカストーディアルたちが清掃活動を行います。

あまりにも清掃に熱心になるあまり、「必要な汚れ」まで落としてしまうキャストもいたほどです。必要な汚れとは、ホーンテッドマンションに意図的にペイントされている古びた汚れの模様や、人工的につくったクモの巣など。それらを本物の汚れと勘違いしてしまい、きれいに落としてしまったのです。

こうして清掃に力を入れる理由は、ただ見た目をきれいにするためだけではありません。ものを片づけ、清潔な状態を保つことにより、ゲストの安全を確保し、安心して過ごしてもらうためです。

このように目的が明確であるからこそ、キャストたちはモチベーション高く清掃活動に取り組めます。これは実生活でも同じで、なんとなく「きれいにしよう」と思って漫然と始めるよりも、自分なりの目的を意識したうえで取り組んだ方が、成果が出やすくなります。

掃除の目的になるものとして知っておきたいのが、「掃除の効能」です。

日ごろから掃除をする習慣のある人は、出世しやすく、ダイエットにも成功しやすいということをご存じでしょうか。

これは調査により明らかになった傾向です。世界最大の掃除機メーカーであるエレクトロラックスは、20~40代の男女600人に「掃除に関する意識・実態調査」を行いました。その調査では、たとえばほこりに気づいたらすぐに掃除機を使って掃除するような掃除癖のある人とない人について分析しています。

まず、役員クラスの役職に就いている人の13人にひとりが掃除癖のある人であり、掃除をしないと回答した役員クラスは41人にひとりでした。ちなみに掃除癖のある人の90%は「仕事だけではなく、プライベートの着信やメールにすぐにレスポンスしている」と答えていますから、そのあたりも出世と関連しているかもしれません。

ダイエットに関しては、掃除癖のある人の成功率が7割を超えるのに対して、掃除をしない人は5割を切るという結果となっています。身のまわりをきれいに保てる人は、自分の健康管理もまたきちんと行うことができ、それがダイエットの成功率にも表れているのでしょう。

さらに掃除には、自らの心をクリアにしてくれる効果もあります。身のまわりをきれいにすることで、気持ちが落ち着きます。焦っていたり、壁にぶつかったりした時こそ、進んで掃除をするべきです。

職場での自分の空間といえば、自らのデスクですが、まずはそこをきれいにすることから始めてみてはどうでしょう。空いた時間を見つけて、デスクを整理整頓し、表面をウェットティッシュで拭いてピカピカにしてみてください。それだけでずいぶん心がクリアになりますし、ものが整理整頓されたことで仕事の効率も上がります。

ちりひとつないデスクというのは、周囲の人から見ても気持ちのいいもの。**「きれい好きな人」という印象は、誰からも好かれる存在**となるためには欠かせないもののひとつといえます。

Magic Lesson

掃除のタイミングを待たず、暇さえあれば磨こう。

Magic 41

やったことがないことは、すすんでやってみる

失敗した数だけ、成長できる

日々、学生たちと接している中で私が思うのは、よくも悪くも慎重な人が多いということです。たとえば、留学したいという願いを持っている学生は、「英語が完璧にできるようになるまでは留学はしない」といいます。言葉ができないのに、異文化に飛び込むことなど、怖くてできないそうです。

その気持ちはわからなくもありませんが、かといって、ネイティブと同じように流暢に英語を話せるようになるまでには、どれだけの時間がかかるでしょうか。また、言葉というのは絶えず変化していますから、日本で覚えた英語がそのまま現地で使えるかも未知数です。もしかすると、新たな流行りの言い回しなどが使われ、それを理解できないこともあるでしょう。あまりに慎重になりすぎた結果、留学の経験ができないというのは、やはりもったいないと個人的には思います。

失敗をおそれず前に踏み出す力を持つことは、社会人としても大切なことです。そうして物ごとを前に進めることができる人は、成長していきます。

私にも、**思い切って行動を起こしたことがいい結果**につながった経験はたくさんあります。

オリエンタルランドの商品開発部にいた時代、「くまのプーさん」の抱き枕を開発したことがありました。「ウッドクッション」という、ぬいぐるみつきの抱き枕です。

この商品は、それまでまったく似た製品がない、前例のないものでした。社内からの承認を得るのも大変でしたが、何度も提案を繰り返し、やっとOKが出ました。

しかしそれだけで発売にはいたりません。ディズニー社の承認も必要で、デザインの提案、サンプルの提出など、何度ものチェックを受けました。

ところが最終段階まできて、まさかの非承認。私はどうしても納得がいかず、国内の代理人のところに乗り込んで、直談判しました。

その結果、なんとか承認サインをもらったのですが、それは「売れなかったら即、撤去する」という条件つき。つまりは、全責任が自分にかかることになり、今後のキャリアを考えるうえで大きなリスクになります。

正直、胃が痛くなる毎日でしたが、不透明な未来のことを考えても仕方ありません。ただ、今できることに最善を尽くそうと決めました。「商品を持ち帰る袋を透明にすれば、買ったゲストが自然と広告宣伝になるのではないか」と考えて実行に移したり、商品の魅力をうまく伝えてもらえるよう、キャストにプチセミナーをしたり……。そうした中で発売を迎え、結果的に売れ筋商品になりました。
もし過去の自分が、どこかであきらめてしまったり、失敗をおそれて立ち止まったりしたなら、この商品は世に出ることはありませんでしたし、ゲストの思い出づくりに貢献できることもありませんでした。この時の経験は、私に**「失敗をおそれず進み続けること」**の大切さを教えてくれました。

誰だって失敗するのは嫌ですし、どうなるかわからないことに飛び込むのは怖いものです。しかしそこで、勇気を持ってほしいと思います。リスクがあることというのは、成功した時の見返りも大きいものですし、たとえ失敗しても、ひとつの経験となります。

なにか叶えたいこと、実現したいことがあるなら、**勇気を持って行動するとともに、あきらめず粘り強く、取り組み続けて**みてください。それが、夢を叶える秘訣です。

Magic Lesson

まず「やる」と決めて、そのあと考える。

Magic 42

目の前の仕事に、「なぜ？」を３回続ける

仕事の本質を知れば、
自信を持って進められる

「夢の国」であるディズニーの世界。そのあらゆるものは、想像力でつくられているという印象を持っている人も多いのではないでしょうか。

しかし実際は、ディズニーは**エビデンス（証拠、根拠）に重きをおく**世界有数の企業のひとつです。

ディズニーでは、リゾート全体を今よりもっとよくするために、さまざまな事象のデータを取り、分析しています。

来園したゲストに調査をしたり、「お客さまの声」として直接会社に上げられたデータを分析したりすることはもちろん、ゲストがブログやSNSでどんなことを記載しているか、来園にいたるまでにはどのようなプロセスがあるのかなど、とにかくたくさんの調査を行っているのです。

こうして現状を分析し、自ら課題を明らかにしていくわけですが、膨大な数のゲストのデータの中から、共通する問題点をピックアップし、課題を見つけるというのは、非常に根気のいる作業です。「ゲストにハピネスを提供する」というビジョンのもと、じっくりと腰を据えて取り組まなければなりません。その努力を続けているからこそ、ディズニーの世界はいつ行ってもゲストの期待に応えてくれる夢の国であり続けられるのです。

こうして自ら課題を発見し、それを解決していくことは、仕事においてもとても大切な能力です。これは、「仕事ができる」と言われる人には、必ずといっていいほど備わっているものであり、前例がないことに挑む際などには、特に必要となります。

それを身につけるためには、まず物ごとを深く考え抜く習慣をつけるといいでしょう。

日本が世界に誇る自動車メーカー、トヨタでは、**「なぜなぜ分析」**といわれる仕方で問題の分析が行われています。ひとつの現象に対して「なぜそうなったのか」という理由を考え、その理由に対してもまた、「それはなぜか」、と問いかけるのを**5回繰り返す**ことで、物ごとの本質に迫れるというものです。

たとえばある日、ある商品の売り上げが急に上がったとします。「なぜそうなったか」を分析したところ、人気タレントが紹介したことが関係しているようです。そこで「なぜこのタレントが紹介すると売れるのか」の分析を行い、タレントのファン層がどこにあるかを探ります。それがわかったら今度は「なぜそのファンたちに商品が受け入れられたのか」を調べ……というような流れで、なぜを5回、繰り返すのです。

日常の仕事においても、「なぜこの作業が必要なのか」を掘り下げて考えることで、仕事の本質を理解し、納得したうえで働くことができます。また、そうして掘り下げていく過程で、「本来はユーザーの満足が第一なのに、納品先の都合ばかり聞いている」というように、問題点が浮かび上がってくることがあります。これこそが、課題を発見するということなのです。

ひとつの物ごとに対して5回もなぜを重ねるのはなかなか大変な作業ですから、まずは**3回から、「なぜなぜ分析」**にチャレンジしてはどうでしょう。

また、現在の自分の仕事内容を全体的に見直し、もっと質を高めるにはどうすればいいか、より効率を上げるにはなにをすべきか、不要な工程はないかなど、修正点を探してみましょう。改めて見直してみると、非効率や不要な部分が意外にたくさんあり、きっと驚くはずです。

Magic Lesson

「やること」ではなく、
「なぜやるの？」かを意識する。

Magic 43

仕事の状況は、聞かれる前に報告する

共有しておくと、
チームがまとまりやすくなる

グローバル化という言葉が聞かれるようになって久しく経ちます。

国境を越えて仕事をすることも当たり前になりつつあり、国籍や文化の違う人と協働する機会は増える一方です。最終的には、グローバル化という言葉自体が日本からなくなる時代がくることでしょう。

そんな中で、今後さらに重要になっていくのが、「チームで働く力」です。あなたにも、きっとチームとして仕事をする機会はあったと思いますが、その際に十分に力を発揮できたでしょうか。

多様な性格を持つ人々と、ひとつの目標に向けて仕事をするのはなかなか難しいもの。異文化の相手であれば、なおさらです。

チームで働く力をつけるには、とにかくたくさんの機会をつくり、チームで動くことに慣れておくことが必要となります。

ディズニーには、「協働する」ということを楽しむ文化があります。

たとえば、「ゲストがどこから来ているのか楽しみながら調べてみよう」と決めたら、各自がゲストに積極的に声をかけ、できるだけデータを集めようとします。バックステージにはお手製の日本地図を張り、そこにカラフルなシールを貼りつけて、ゲストから聞き出した情報を、見た目にも楽しく共有します。

このようなことをなにかにつけてやっているので、キャストたちはひとつの目標に対してチームであたるということにも慣れています。課題が明らかになった際も、まずは「チームとしてどう改善していくか」が話し合われ、そこからスムーズに個人の役割を決定していくことができます。

そうした風土だからこそ、自然にたくさん行われていることがあります。

それは、「報告・連絡・相談」です。

アトラクションごとに朝礼や終礼で話し合い、意見交換ノートにコメントを書いて回し、なにかが起きれば即時に仲間と共有する。そうして、「報告・連絡・相談」を徹底しています。

実はこれこそ、チームが機能するためにもっとも大切なことです。

それぞれがなにをしているのか、どんなことを行ったのか、そしてどのような課題があったかを共有して初めて、集団は「チーム」となるのです。

チームで働く時には、まず自分が「報告・連絡・相談」を誰よりもまめに行うことを心がけるようにしましょう。

また、相手とひとつのものを共有する際に大切なのが、わかりやすく物ごとを発信する意識です。せっかくいい意見があっても、それが正確に伝わらなければ、意味がありません。前提となる知識量や専門分野が違う人とも一緒に働いているわけですから、もっとも知識のない人でも理解できるよう、情報を整理したうえで話すことを習慣にするといいでしょう。

あとは、どれだけメンバーに対する心くばりができるかで、チームにおけるあなたの評価が変わってきます。

率先してメンバーたちに話しかけ、自分ができることを積極的に行って相手をサポートしていくことで、次第にあなたが「チームの主役」となって活躍するようになるはずです。

Magic Lesson

先輩にも、同僚にも、後輩にも報告する。

Magic 44

「あの人ならどうする？」と考えながら働く

リーダーシップは才能ではなく、
訓練して手に入れるスキル

これからの時代は、今以上に、男性のみならず女性が活躍する社会が到来します。女性がリーダーとなり、組織やチームを引っ張る機会も増えることでしょう。

リーダーといえば上に立ってぐいぐいと下を引っ張る人という印象があるかもしれませんが、実際に人がついてくるリーダーには、強力に引っ張るというより、人を後押しするような謙虚で誠実な人が多いものです。

私がオリエンタルランドの商品開発部に所属していた当時の役員で、とにかく**「現場主義」**な人がいました。

ある日、パークは大混雑で、猫の手も借りたいような状況となっていました。

私もお菓子の店で、品出しやゲスト対応のお手伝いをしていました。

すると、キャストのひとりから、「櫻井さん、あの人は誰ですか」と質問を受けました。

彼が指さす方向では、ひとりの男性が笑顔で品出しをしていました。

「あれは……商品開発部のトップのA氏です」

私も、びっくりしながら答えました。まさか役員がアルバイトと一緒になって品出しをしているとは想像していなかったのです。

トップマネジメントになればなるほど、現場の仕事から離れ、役員室にこもりがちでしょう。しかしA氏のように、優れたリーダーには時にはメンバーの方にさりげなく歩み寄れる「親しみやすさ」や「謙虚さ」も備わっているのです。

きっとあなたのまわりにも、優れたリーダーがいて学ぶことも多いかと思いますが、リーダーシップという言葉に、どのようなイメージを持っているでしょうか。

「生まれつきのカリスマ性」や「才能のひとつ」と思っている人も、いるかもしれません。

しかし実は、リーダーシップが才能ではなく「スキル」であることは、もはや定説となっています。つまり、誰にでも発揮できるものなのです。

また、リーダーシップというと管理職など役職の高い人にしか必要ないと考える人もいますが、それも誤りです。役職にかかわらず、状況によってあらゆる人がリーダーシップを発揮していくことで、チームのレベルが上がっていきます。

では、そもそもリーダーシップとはなにかといえば、「目標を定義し、その達成のために周囲を巻き込んでいく」というスキルのことです。

たとえばもしあなたが、仕事上の問題やタスクを解決するためにはチームで動く必要があると感じたら、上司に訴え、同僚を巻き込み、それを解決するための体制を整えていくことが、リーダーシップといえます。

これからの人は、自らがチームや組織のリーダーとなっていくことを想定したうえで、常にリーダーシップを発揮することを意識しながら働いてほしいと思います。

自分ひとりの裁量では完結できないような仕事がきた時が、リーダーシップを鍛えるチャンスです。

まずは、その仕事が**「なにを実現するためのものなのか」という目的**をしっかり持つことが大切です。

そして、その目的を達成するためには最終的に誰の承認が必要かを見定めるとともに、達成の力になってくれそうな上司や同僚には自分から積極的に声をかけ、巻き込んでいきましょう。

Magic Lesson

「言い出しっぺ」になって周囲を巻き込もう。

Magic 45

仲間の仕事を手伝ってみる

違う役割を経験すると、
仕事の質が上がる

ディズニー流の「仕事術」の特徴として、自分の仕事にはっきりした境界線を設けないことが挙げられます。

たとえばカストーディアルは、ファンタジーランドの清掃が担当だったとしても、そのエリアを越えて清掃を実施します。そうして各エリアの担当者がオーバーラップすることで、全体の清潔感に磨きがかかっています。

境界線を引かずに仲間のキャストの仕事に触れることには、その他にもさまざまなメリットがあります。

ミステリーショッパーという調査をご存じでしょうか。

これは外部の調査員が顧客になりすましてサービスレベルをチェックするという調査であり、主に飲食業やホテル業などのサービス業で実施されています。

実はディズニーでも、過去にこの調査を導入したことがありました。

ただしそれは外部委託という形ではなく、キャストが「ゲスト役」となって、仲間のキャストのサービスをチェックするというものでした。ゲストの立場になって調査したデータが重要なのはもちろんですが、それ以外にも得るものがあります。それは、キャストの目で仲間のサービスのあり方や自分の担当以外の仕事を見ることによる気づきです。仲間のサービスに不足があればすぐに指摘、改善できますし、他部門のよい部分も直接取り入れることができます。

このように、仕事の境界線にこだわりすぎず、一歩引いた立場から自分の仕事を見るとともに、他部門がどのように仕事をしているのかを知ることで、得られるものは多くあるのです。

チームで仕事をしていくうえでも、他の仲間がどんなことをしているのか、理解しておくのは非常に大切なことです。

たとえば、広告制作を請け負うチームを組むとするなら、まず「営業」と「制作」で役割が大きく分かれます。さらに、制作の中でも、デザイナー、コピーライター、プログラマーなど、役割はそれぞれ違ってきます。

この「営業」と「制作」は、多くの組織で対立しやすいことでも有名です。営業の目的は「売ること」であり、制作は「いいものをつくること」を目指すため、優先順位が異なることが対立の原因のひとつといえます。

しかしもしそこで、制作にも営業にも通じた人がいたらどうでしょう。営業の理屈も制作の理屈もわかっていることから、双方にとってベストな「落としどころ」を見つけることができるため、結果的にはその体制で上げ得る最大の成果をつくることができるはずです。

また、デザイナーとコピーライターなど、立場が違っても、そこに壁をつくらずにお互いの仕事を理解しようと努めることで、完成するものの質が上がります。たとえばコピーライターが「デザイン上、文字がもっとも美しく見える文字数」を理解しておくことで、最初からその文字数でコピーを考えたりすることができるのです。

仲間の仕事を知るには、その機会を積極的につくっていく必要があります。忙しそうな人や困っている人がいたら、自分から声をかけ、実際にその仕事の一端に携わってみるのが、壁を越えて活躍するためのいちばんの近道です。

Magic Lesson

「なにか手伝えることある？」と聞こう。

Magic 46

知らないことを、見逃さない

あえて「興味がない」ことを
やってみると、チャンスが広がる

社会人になりたての頃は、目の前の仕事をこなすのに精いっぱいですが、数年経てば仕事にも慣れ、以前よりも余裕が出てくるものです。

気持ちにゆとりがある時期にこそ、やってほしいことがあります。

それは、自分が「おもしろそうだな」と思っていることの勉強です。

私は、オリエンタルランドの商品開発部に在籍していた当時、さまざまな習いごとをしました。

そのきっかけは、大手消費財メーカーからディズニーに転職してきた上司の「**興味の幅が広く、好奇心が強い人ほどヒット商品を生み出している**」という言葉でした。ですから、商品開発につながりそうなものは、とにかくなんでも学ぶように意識していました。

具体的な例をいくつか挙げるなら、まずフラワーアレンジメントです。なぜ習いだしたのかといえば、色使いに関する知識やバランス感覚を磨くことにつながると思ったからです。香水やアロマテラピーに関する商品を担当していた時には、「フレグランスセールス　スペシャリスト」という講座を受講して、歴史や背景から学びました。

併せてアロマテラピーやハーブの勉強もしました。こうしていくつかの角度から香りの勉強をしたことで、取引先の会社が持ってくるサンプルの香りの種類が理解できたり、街でよく香る流行りの香水がわかったりするようになりました。

これらはもちろん、仕事がきっかけで学んだものですが、もともと興味のある分野であったことも大きかったです。

興味を持ち、深く学ぶと、その知識を仕事に転用できるだけではなく、「この分野なら、社内でもっとも詳しいのは自分」という自負が生まれ、それが自信に変わります。自分にいまいち自信が持てない人は、こうして関連する分野の知識を身につけることで、胸を張って仕事ができるようになるはずです。

幅広いことに好奇心を持ち、気になったことを学んでみるのは、必ずプラスに働きます。それが自分の仕事とまったく関係のないようなものに見えても、興味のままにトライしてみることをおすすめします。なぜなら、関連のないもの同士が組み合わさった時のほうが、イノベーションが起こりやすいからです。

イノベーションというのは、なにもないところから生まれるのではなく、すでに世の中にあるものの組み合わせで生まれることがほとんどです。黒電話と無線を組み合わせて、携帯電話ができました。さらに、携帯電話とパソコンを組み合わせて、スマートフォンとなりました。こうした組み合わせをイメージする発想力の源となるのは、分野の垣根を越えた多彩な知識です。

職業キャリアにおいても、まったく同じことがいえます。たとえば小説家には、理系出身者がたくさんおり、博士号を持っている人もいます。研究者として培った専門知識があるからこそ、独自の視点でストーリーをつくったり、新たなトリックを発想したりすることができ、それが「斬新な物語」としてヒットします。これを逆から見れば、異分野の知識を大きな武器として活用しているといえます。

どんなことでも、無駄になる学びというのはありません。興味を持って学んだ分だけ、必ずキャリアが、人生が豊かになります。

自分の未来の可能性を広げるためにも、好奇心を忘れず、学び続けましょう。

Magic Lesson

「なにそれ?」を口癖にして、好奇心を持ち続けよう。

Magic 47

よく食べて、よく歩いて、
よく休む

今日の意識を変えれば、
明日の自分が楽になる

人から好感を持たれる必須条件といえるのが、**健康的であること**です。目の下にクマができ、肌が荒れて疲労感がにじみ出ていたり、青白くて明らかに病気に見えたりしたら、とても魅力的とはいえません。

ディズニーのキャストにも、健康的な雰囲気が求められます。

社内では、ジムで筋力トレーニングをしたり、ランニングや水泳などで体を鍛えたりする人が多くいました。また、パークに勤務するキャストは朝が早かったり、夜遅くまで働いたりするので、疲れを残さないために睡眠の質にはこだわっていました。

また、フードセクションも、自身の健康管理には、非常に神経質です。万が一、ノロウィルスなどの感染症にかかってしまったらゲストに多大な迷惑がかかるため、普段の食事にも細心の注意を払っています。

個人的にも、体調管理は社会人としての能力のひとつだと考えています。

私も普段から意識して健康維持に努めています。運動に関しては、最寄り駅のひとつ前の駅で降りて歩いて帰ったり、エレベーターではなく階段を使ったりして少しでも体を動かすよう心がけています。また、年齢を重ねるごとに疲れがとれにくくなってくるので、マッサージに行くなどして体のメンテナンスをしています。食事にも自分なりにこだわり、酵素を含む野菜や果物を多く摂取する、牛乳よりカルシウムが多いアーモンドミルクをつくって飲む、というようなことをしています。

20代後半~30代というのは、キャリアの中でも特に忙しい時期です。そんなさなかに体調不良になってしまうと、仕事に大きな影響がおよびます。たとえ体調不良を押して会社に出たとしても、思うように仕事ができずミスをしてしまうかもしれません。また、顔色も肌の調子も悪く、周囲に与えるイメージもマイナスです。

このようなことにならないためにも、普段からの体調管理は重要です。意識して生活を送っていれば、体調が悪くなる可能性をかなり下げることができます。

体調管理の基本は、言うまでもなく**食事、運動、睡眠**です。

食事は、体をつくるもと。肉、野菜、炭水化物をバランスよく摂ることを心がけます。ダイエットも、やりすぎてしまって健康に悪影響が出ては、魅力を失うことになり本末転倒です。

運動に関しては、「ただでさえ仕事で疲れているのに……」と後回しにしがちですが、運動不足は肥満を助長する他、血行不良による血管へのダメージから心疾患や脳疾患、糖尿病などにつながります。そのせいで「運動不足は喫煙より体に悪い」と揶揄されるほどです。たとえば行きや帰りに1駅分歩いてみるなど、意識的に体を動かすことを心がけ、習慣化していきましょう。休日に、ヨガやスイミングなど運動系で興味のある習いごとをするのもおすすめです。

疲れを回復させるのが、睡眠です。睡眠不足は肌荒れに直結し、続くほど自らの印象を下げてしまいます。睡眠の質を上げるには、眠りにつく前にリラックスすることが肝心です。特に仕事が始まる前日である日曜日には1時間早く寝室に行き、心安らぐ音楽を聴いたり、アロマを焚いたりしてリラックスしてから眠るようにしましょう。**体調管理はいちばんの仕事。**忙しさを言い訳にせず、常に意識して取り組むことが、毎日健康的でいる秘訣です。

Magic Lesson

満腹まで食べず、ひと駅余計に歩いて、1時間早く寝よう。

Magic 48

ひとりで仕事を抱え込まない

お願い上手が、
仕事を大きくしていく

他の人よりもがんばっているつもりだけれど、忙しいばかりで仕事が楽しくならない……。充実感が持てない……。

もしそんな風に感じているとしたら、それはあなたが人の力を借りずに仕事をするタイプだからかもしれません。誰かの力を借りることを「悪い」と感じ、ひとりで残業した経験が何度もあるのではないでしょうか。

個人的な経験からいうと、学生時代に優秀で、人の力を借りる経験が少ない人ほど、その傾向があるような気がします。

世の中の**すべての仕事というのは、他人のために存在**します。誰かの役に立たなければ、それは職業として存在しません。

たとえば、自由業のイメージが強い画家も、ただ素晴らしい絵を描いているだけでは、仕事にはなりません。その価値を広めてくれる人がいて、買ってくれる人がいて、初めて職業としての画家といえます。

つまり、仕事をするうえでは、必ず誰かしらとかかわりを持つことになります。

会社という組織に属しているなら、なおさらかかわる人の数は多くなります。

法律では、会社を「法人格」と規定し、いわば「人」として扱います。人体の各部位ごとに役割があるように、会社もさまざまな役割を持った組織が組み合わさることによって、ひとつの人格となり得ています。

では、人が集まってひとつの人格となる意味はなにかといえば、その方がより利益を上げることができ、社会にも貢献できるからです。ひとりひとりではできないことも、組織で動けば実現できます。

ディズニーで働くキャストたちも、ひとりでできることはごく限られています。しかし、ゲストのために、組織の壁を越えて一丸となって力を発揮することで、1＋1を4にも5にも変えるような相乗効果を生み出しています。そしてそれがゲストのハピネスにつながり、「また来たい」という気持ちの源泉になります。

キャストたちは、仲間がいてこそ力が発揮できることをよく理解しています。だからいつも積極的に仲間のことを支え、必要なら遠慮なく仲間を頼ります。

仕事で人を頼るのは、まったく悪いことではありません。逆に仕事とはひとりでやるものではなく、周囲の人とともに進めていくべきものです。

もちろん、自分が楽をしたくて人に押しつけるのは論外ですが、人に頼んだ方がスピーディに処理できたり、自分のキャパシティを超えた分量の仕事がある時は、遠慮せずに誰かの力を借りましょう。結果的に仕事が早く終われば、それは会社の利益にもなります。

誰かに仕事をお願いする際のポイントは、まず目的を明らかにすることです。「とにかくお願い」では、相手のモチベーションが上がりません。なんのための仕事で、達成にはなにが必要か。そして、なにをしてほしいのかを明確に伝えることが大切です。

また、チームで動く時は、それぞれが個別作業をしている状態に陥らないように、自らが仲間に働きかけ、積極的に励ましていく姿勢が必要となります。「大丈夫、きっとできる」「みんなで目指そう」と、やる気を鼓舞し、**仲間の絆を強めるような声かけ**を、メンバーに行っていくといいでしょう。

Magic Lesson

誰にでもできる仕事はみんなで分けて、自分にしかできない仕事に集中する。

Magic 49

集中したいことに、集中する

ワーク・ライフ・バランスを
意識しすぎない

仕事が忙しいと、どうしても生活が仕事一色になってしまいがちです。

結婚して家庭を持ちたい、趣味だってなにかしたい、という漠然としたイメージがあったとしても、どうしても目の前のことに追われ、気がつけば仕事ばかりしていたという人は多いのではないかと思います。

かくいう私も、30代半ばまでは、仕事一筋で走ってきました。オリエンタルランドでは、人事部、商品開発部と、いろいろな職に就きましたが、結局最後に考えるのはゲストのハピネスであり、プライベートなハピネスについては、後回しにしてきていました。

ただ当時は、「人生、ずっとこれでいいのかな」という気持ちがあったことは否定できません。結婚して子どもを持つということに憧れがあったからです。

しかしそれでもやはり、目の前の仕事から逃げず、全力で働き続けました。なぜなら、仕事が楽しかったし、なによりやりがいを感じていたからです。

そんな時に「一生懸命なあなただからこそ、紹介したい人がいる」という話をいただいて出会ったのが、現在の夫でした。

今振り返れば、目の前のことに対して一生懸命に取り組んでいると、誰かがそれを見てくれているものなのだと感じます。

近年、キャリアについて語るうえで定着しつつあるのが「ワーク・ライフ・バランス」という言葉です。これは「仕事と生活の調和」を指し、内閣府男女共同参画局が推進している取り組みのひとつでもあります。

しかし私個人としては、「ワーク・ライフ・バランス」という考え方には、若干違和感を覚えます。

「仕事」「家庭」「趣味」にバランスよく時間を割けば、いかにも人生が充実しそうに感じます。しかし、現実はそのように都合よくはできていません。欲張って3つを同時に獲得するのは難しく、きっとすべてが中途半端になってしまいます。

たとえば仕事というのは、できる人にたくさん回ってくるものです。そして真面目に、熱心に働くほど、会社での評価は上がり、責任ある立場を任されるようになってきます。

もし「結婚したいから」「趣味も楽しみたいので」といって、仕事量を減らしてしまっては、経験値も積めません。責任ある立場にならなければ、仕事の本質的なやりがいも味わうことなく、それはすなわち、人生の多くの時間を楽しめなくなった状態といえます。

人生80年と考え、その全体の中で**自分のペースや偶然の出会いに合わせて、バランスをとって**いけばいいのです。

仕事に時間を費やす時期があってもいい、すべてを子育てに捧げる時期もとっていいし、仕事を辞めたら毎日趣味に費やしてもいい。その順番もタイミングも人それぞれです。

作家の湊かなえさんが、結婚してひと段落してから手がけた小説で文学賞を受賞したように、**その時々を一生懸命に生きる人**こそが、輝き続けることができ、未来を切り開いていけるのではないでしょうか。

Magic Lesson

となりの人の人生と比較しない。

Magic 50

「心くばりの魔法」が人生を楽しくすると知る

自分もまわりも幸せにするために

ここまで、ディズニーの哲学やキャストのホスピタリティを例に挙げながら、「心くばりの魔法」について解説してきました。

どうでしょう。魔法使いへの道は、見えてきましたか。

最後に改めて、心くばりの持つ力について、考えたいと思います。

あなたが今、仕事をしている理由はなんですか？

「もちろん、お給料」

「やりがいがあるから」

「自分を表現したいから」

「社会の中で居場所がほしいため」

さらに細かく聞いていけば、まさに人それぞれ。100人いれば、100通りの理由があると思います。

ただ、どんな理由であれ、ひとつだけ間違いのないことがあります。それは、仕事をする以上は、**「楽しんでいる人がいちばん輝いている」**ということです。

私が10万人以上のキャストを見てきて思うのは、仕事に楽しみを見出すことができる人だけが、優れたキャストになり得るということです。

いくらディズニーが好きでも、そのモチベーションだけで働けるほど、仕事は甘くはありません。他の仕事と同じように、時には大変なこと、つらいこと、理不尽なこともあります。それでも笑顔を忘れずに働いていけるのは、やはり仕事を楽しむ姿勢を持っているからなのです。

仕事を楽しむことにより、ストレスや悩みが減り、気分よく過ごせる日が多くなります。それはつまり、「人生が楽しくなる」ということに他なりません。

そして、仕事を楽しむうえで大切なのが、職場の人間関係です。

あなたに好感を抱き、「一緒に働きたい」と思ってくれる人が周囲に増えるほど、自分のやりたいことが実現しやすくなり、仕事のやりがいも大きくなっていきます。また、気心の知れた仲間とともになにかを達成することの喜びも、原動力になるはずです。

ここまで紹介してきたすべての心くばりは、人と人との壁をふわりと越えて、絆を強めるための魔法なのです。

もうひとつ、「心くばりの魔法」が変えてくれることがあります。

それは、あなた自身の「心」です。

人の気持ちを想像し、物ごとを見つめ、誰かのために尽くすこと。

それを繰り返していくと、さまざまなコンプレックスの元凶となる「自我」や「自己中心性」がどんどん薄れ、心が丸く磨かれていきます。

そしてその心の輝きは、次第に内面からにじみ出るようになり、まわりの人々にも伝わっていきます。

「心くばりの魔法」は、他人だけではなく、自分もまた輝かせてくれるのです。

さあ、さっそく明日から、できるものを実践してみてはどうでしょう。

きっとそれが、あなたの人生を変える魔法の始まりです。

Magic Lesson

物ごとを見つめよう。
気持ちを想像しよう。

付録　気持ちが伝わる魔法のフレーズ集

「心くばり」といっても、難しく考えることはありません。まずは、気持ちが通じる言葉を真似ることから始めてみませんか。仕事のシーンや日常生活の中で使える、印象がぐんとアップする「伝え方」を集めました。

SCENE 01 あいさつ

「いいお天気ですね」

よく使われるフレーズですが、大人としては天気をあいさつ代わりにするのが無難です。日が出ている日中であれば1年中使えます。「おはようございます」だけで済ませるより、会話が続くきっかけとなります。

「今日はよく会いますね」

普段なかなか会わないのにその日に限って二度以上顔を合わせた人に言ってみましょう。何度かすれ違ったのに「おつかれさまです」だけでは工夫がないうえに冷たい印象を与えてしまいます。相手との距離を縮めるチャンス！

「今お帰りですか」

外出先から戻ってきた人に使えます。「お帰りなさい」でもいいでしょう。それほど親しくなくても、黙って通りすぎるのではなく、労う意味も込めて、声をかけてみましょう。

「その後◯◯はいかがですか」

以前、体調の話をしたなら「その後体調はいかがですか」、趣味のゴルフの話をしたことがあるなら「その後ゴルフには行かれていますか」などと言ってみましょう。あなたの話を覚えています、という気持ちが伝えられます。

「ずいぶんと蒸しますすね」

梅雨時や夏に使えるフレーズ。「蒸し暑くて嫌ですね」と言いたいところを、あえて「蒸しますすね」で止めてみましょう。ネガティブなワードを使わず、不快な気持ちを撒き散らさないのが、大人の心くばりです。

SCENE 02

感謝したい

「ご丁寧に、ありがとうございました」

ただお礼を言うよりも、感謝の対象をよりはっきりさせることで、気持ちが伝わります。「ご丁寧に」「ご親切に」などを付け加えてみましょう。心から感謝している旨が伝わります。

「いつもありがとうございます」

継続してお世話になっている人に感謝の気持ちを伝える言葉。いつも指導してくれる先輩に伝えてみましょう。また、お願いした仕事を一生懸命やってくれる後輩に「いつもありがとうね」と伝えるのもいいでしょう。

「これも◯◯さんのおかげです」

仕事などで成果や評価を得たあと、協力してくれた人に言ってみましょう。手を差し伸べた側は、「役に立てたかな」と不安に思っているもの。この言葉を使えば、そんな相手の気持ちを払拭し、同時に素直な感謝の気持ちを表せます。

「感激です」

シンプルに気持ちを伝えられるフレーズ。なにかもらった時や、ほめられた時などに言ってみましょう。少しオーバーな表現ではありますが、言われたほうも悪い気はしません。「涙が出るほどうれしいです！」などでもいいでしょう。

「心に染みました」

「感動しました」よりも、さらに気持ちを表せます。「染みる」とは、心にしみじみと感じるさまで、深く、静かな感動を表す時に用いいます。思いやりのある言葉をかけてもらった時などに、言ってみましょう。

「お眼鏡にかなって光栄です」

「お眼鏡」とは、物ごとのよし悪しを見抜く鑑識眼のこと。相手の人を高める表現です。目上の人や取引先の人などに、なにかを認めてもらったり、すすめた商品を購入してもらった時などに使います。

SCENE 03

ほめたい

「ご一緒できてうれしいです」

頼りになりそうな同僚、先輩とチームを組むことになった時、気持ちを伝えてみましょう。信頼と好意を伝えてくれた人とは、コミュニケーションが円滑になるはずです。いいチームのスタートをきれるでしょう。

「思わず見とれてしまいました」

自分よりもはるかに正確に、テキパキと仕事をこなす憧れの人に伝えてみましょう。普段あまり話したことのない上司や先輩との距離を縮めるきっかけになるかもしれません。

「○○さんがいると元気が出ます」

いつも朗らかで、いるだけで明るくなる存在。そんな人は、個人の業務の範囲以上にまわりに貢献してくれています。ムードメーカーに、時にはこんな言葉をかけて、存在ぶりをほめましょう。

「〇〇さんにほめられるとうれしいです」

自分がほめてもらった時は、相手のこともほめ返すといいでしょう。「あなたのような方にほめられて、光栄です」という気持ちを伝えることで、相手への尊敬の気持ちを表せます。

「よくお似合いですね」

洋服やバッグ、アクセサリーだけを「かわいい」「素敵」と言うと、ものだけをほめている印象を受ける人もいます。「お似合いですね」は、ものと同時に相手のセンスもほめられる言葉です。「いつもおしゃれですね」も使えます。

「私も見習いたいです」

いつも努力をして成果を上げている人を、丁寧にほめたい時に使う言葉です。「あなたのようになりたい」「真似したい」と思われて、うれしくない人はいません。

SCENE 04

謝りたい

「言葉が足りず、申し訳ありません」

説明不足で行き違いが起こってしまった時などに使いましょう。たとえ相手側の勘違いやミスだったとしても、先にこの言葉を伝えることで、その後のやりとりがスムーズに進みます。

「考えがおよびませんでした」

自分の力不足で問題を引き起こしてしまった時に使うフレーズです。「まったく考えていなかったわけではないが、私の予想を超えた事態だった」という気持ちが伝えられます。

「お詫びの言葉もありません」

相手の怒りが大きい時には、余計な説明をする前に、このフレーズを伝えましょう。あまりに申し訳なさすぎて、言葉にできないほどの気持ちを伝える言葉です。「なんとお詫びしていいのか……」も、同じように使えます。

「お恥ずかしい限りです」

「限り」とは、「最大の」「きわみ」などと同じです。謙遜の意味も込めて使われることが多いので、大きな失敗には使わないほうがいいでしょう。小さなミスを起こした際に「うっかりしていて、お恥ずかしい限りです」などと使います。

「猛省しております」

反省よりもさらに強い言葉。深く、強く反省していることを表します。「今回の件につきまして、猛省している次第です」というように使います。口語でも使えますが、手紙文などで使うと気持ちがより伝わります。

「あってはならないことでした」

大変なミスや失態を起こしてしまった時、自分を振り返ってお詫びするフレーズ。自分の行動を全否定することで、猛省している姿勢を示せます。「お預かりした資料を紛失するなど、あってはならないことでした」などと用います。

SCENE 05

お願いしたい

「教えていただきたいのですが」

人に質問したい時や、アドバイスを求める時には、このフレーズを添えてみましょう。先輩だけでなく、同僚でも「ちょっと教えてほしいのだけど」と言うだけで、関係がよくなります。

「お力添えいただきたいのですが」

仕事を手伝ってほしい時に用いるフレーズです。上司や取引先の人、あまり距離の近くない相手に用います。「協力してください」よりも、「あなたの力が必要です」という旨が伝えられます。

「ぶしつけなお願いですが」

初対面の相手や、あまり親しくない間柄の人になにかを頼む時に使うフレーズです。「ぶしつけ」とは「無礼」「無作法」などと同じ意味。「ぶしつけなお願いですが、一度お会いできませんでしょうか」などと使います。

「他に相談できる相手がいなくて……」

なにかを相談する相手に、「頼れるのはあなたしかいない」という気持ちを伝えるためのフレーズです。スケジュールがタイトな無理なお願いをする相手などにも伝えるといいでしょう。

「勝手を言って申し訳ありません」

自分の都合で相手になにかお願いごとをする時に、お詫びと感謝の気持ちを一緒に伝えられます。私用で急に仕事を代わってもらう相手などにも伝えるといいでしょう。

「念のためお尋ねしたいのですが」

一度聞いたことを、もう一度確認したい時に使えます。大事なことを正しく聞きとれたか不安な時も、このフレーズを使えば「しっかり確認してくれているな」という印象を持ってもらえます。

おわりに

働く人は大変です。

仕事そのものや、キャリアを積むプロセスは楽しいことばかりではありません。時には悔し涙を流したり、なにもかも投げ出したくなったりもするでしょう。

私自身、社会に出て働きながら結婚、出産などライフイベントも経験し、女性のキャリア特有の悩みを抱くことがたくさんありました。

本書を手にとっていただいた方々もきっと、20代、30代の頃の私のように、時には悩み、時には自分を見つめなおしながら仕事をしているのだと思います。

そんな人たちを応援したい気持ちが、本書を出そうと思った動機のひとつです。今までのディズニー出身者の先輩方の本とは趣向を変え、働く人たちに対して主にメッセージを発することを心がけて執筆しました。

20代は夢中で走り、気がつけば30代である程度のスキルがついていたというのが私の実感でしたが、40代を迎えた今、改めて過去を振り返ると、私は本当に幸せだったと思います。

1998年に新卒で入社し、2015年までお世話になったオリエンタルランドでは、商品開発、人材トレーナー、セミナー講師などの「役」を通じ、多くのゲストやキャストと触れ合うことができました。そこでの学びや気づきが、現在の私をつくってくれました。今回の執筆にあたっても、素敵なキャストを思い返すたびに、胸が熱くなりました。

また、在職中に、働きながら大学院へ通いたいという私のわがままに対し、上司の方々が理解を示してくれたことが、新たなキャリアをつくってくれました。大学院での「経営者キャリアの研究」では調査対象者として上西京一郎社長自らも協力してくださるなど、並々ならぬ恩を受けました。

そしてその後、大学教員という新たな世界に飛び込んでみて、毎日新鮮な驚きがある反面、壁に当たることも多くありました。
大学では「ディズニー出身者」としてのふるまいを期待されているように感じる場面もありましたが、私の専門はあくまで「経営者のキャリアについての研究」であり、そのギャップに悩んでいました。
そんなある時、尊敬する「はぴきゃりアカデミー」主宰の金澤悦子さんから「ディズニー出身者であることや、今までの経歴を強みだと思って受け入れた方がいい」とアドバイスされ、そのあたたかい笑顔と助言で気持ちが楽になり、背中を押していただきました。

本書がもし、私にとってのその方の言葉と同じように、手にとってくださったみなさんの気持ちを少しでも前向きにして、背中を押すために役立ったなら、著者としてこのうえなく幸せです。

なお、この本は私がひとりで書いたものではありません。西武文理大学の諸先生方、櫻井ゼミナールの学生のみなさん、そしてオリエンタルランド社の諸先輩方、同僚、後輩など多くの方々にお世話になり、みなさんのご協力があって書き上げることができました。

また、卒業生の私に対してやさしくしてくださるオリエンタルランド社にも、この場を借りて改めて御礼申し上げます。

そして最後に、辛抱強く、的確にアドバイスしてくださった編集者の吉田麻衣子さんをはじめサンクチュアリ出版のみなさん、執筆作業に協力してくれた家族に対して、感謝したいと思います。

最後までお読みいただき、ありがとうございました。

２０１６年４月　櫻井恵里子

参考・引用文献

【書籍】
◎「ウォルト・ディズニー　すべては夢みることから始まる」
PHP研究所編、PHP研究所（2013年）
◎「ウォルト・ディズニーの言葉―今、我々は夢がかなえられる世界に生きている―」
ぴあ（2012年）＊2、3
◎「ディズニーウェイ 大突破力―その固定概念から抜け出せ！」
マイク・ヴァンス、ダイアン・ディーコン、ココロ（2000年）
◎「ウォルト・ディズニー創造と冒険の生涯　完全復刻版」
ボブ・トマス、講談社（2010年）
◎「ウォルト・ディズニーがくれた夢と勇気の言葉160」
ぴあ（2006年）
◎「その幸運は偶然ではないんです！」
J.D.クランボルツ、A.S.レヴィン、ダイヤモンド社（2005年）
◎「ウォルト・ディズニー夢をかなえる100の言葉」
ぴあ（2003年）＊1、4
◎「伝説の外資トップが説く リーダーの教科書」
新将命、ダイヤモンド社（2013年）
◎「心理学　第5版」
鹿取廣人・杉本敏夫・鳥居修晃、東京大学出版会（2015年）
◎「ディズニー そうじの神様が教えてくれたこと」
鎌田洋、SBクリエイティブ（2011年）
◎「9割がバイトでも最高の感動が生まれるディズニーのホスピタリティ」
福島文二郎、KADOKAWA（2011年）
◎「ディズニー・テーマパークの魅力」
上澤昇、実践女子大学生活文化研究室（2003年）
◎「できる大人のモノの言い方大全」
話題の達人倶楽部編、青春出版社（2012年）

【ウェブサイト】
◎株式会社オリエンタルランド
http://www.olc.co.jp/index.html
◎東京ディズニーリゾート キャスティングセンター
https://www.castingline.net/disney_recruit/magiccast.html
◎経済産業省（社会人基礎力）
http://www.meti.go.jp/policy/kisoryoku/

著者経歴

櫻井恵里子

Eriko Sakurai

10万人以上のキャストを育てた、元ディズニーのカリスマ人材トレーナー。東京都立川市出身。1998年に株式会社オリエンタルランド入社、商品開発部で現在もヒット中の「ファンカチューシャ」を開発し、年120%以上の売上増を記録。2003年から人財開発部門にて人材トレーナーを担当。その後、人事戦略、調査、キャリア支援などを担当。2009年から外部法人向けに「ディズニーのおもてなしの考え方」を伝えるセミナー事業部門にて、講師、研修開発を担当し大人気を博す。

人事戦略から、調査、採用、教育、キャリア開発までを手がけ、これまでに15万人以上の人材育成にかかわる。2011年からCS推進部で調査分析を行い、同社の膨大な顧客データから顧客満足の本質とホスピタリティのあり方を学ぶ。

現在、西武文理大学サービス経営学部専任講師。人気講座「心理学概論」「キャリア論」「レジャー産業論」などを担当。

筑波大学大学院人間総合科学研究科生涯発達専攻博士前期課程修了。修士（カウンセリング）。

所属学会：産業・組織心理学会、日本カウンセリング学会、日本学校心理学会、ホスピタリティ学会、日本マーケティング学会正会員。
◎ http://www.eriko-sakurai.com
◎ https://www.facebook.com/erikosakurai2016

「一緒に働きたい」と思われる
心くばりの魔法　ディズニーの元人材トレーナー50の教え

2016年5月1日　初版発行
2019年2月21日　第13刷発行（累計6万4千部※電子書籍を含む）

著　者　櫻井恵里子

イラスト　落合 恵
デザイン　井上新八
DTP　小山悠太（サンクチュアリ出版）
営業　市川 聡／石川 亮（サンクチュアリ出版）
プロモーション　山口慶一（サンクチュアリ出版）
編集　吉田麻衣子（サンクチュアリ出版）

発行者　鶴巻謙介
発行所　サンクチュアリ出版
〒113-0023 東京都文京区向丘 2-14-9
TEL：03-5834-2507 FAX：03-5834-2508
URL：http://www.sanctuarybooks.jp
E-Mail：info@sanctuarybooks.jp

印刷　株式会社 シナノパブリッシングプレス

ISBN978-4-8014-0023-8